破局

编 著◎魏 星

9招走出创业困局

中华工商联合出版社

图书在版编目(CIP)数据

破局：9招走出创业困局 / 魏星编著. — 北京：
中华工商联合出版社, 2020.12

ISBN 978-7-5158-2937-1

Ⅰ. ①破… Ⅱ. ①魏… Ⅲ. ①创业－通俗读物 Ⅳ.
①F241.4-49

中国版本图书馆CIP数据核字（2020）第 226920 号

破局：9招走出创业困局

编　　著：	魏　星
出 品 人：	李　梁
责任编辑：	李　瑛
封面设计：	冬　凡
责任审读：	李　征
责任印制：	迈致红
出版发行：	中华工商联合出版社有限责任公司
印　　刷：	三河市燕春印务有限公司
版　　次：	2022 年 1 月第 1 版
印　　次：	2022 年 4 月第 2 次印刷
开　　本：	710mm×1020mm　1/16
字　　数：	155 千字
印　　张：	12
书　　号：	ISBN 978-7-5158-2937-1
定　　价：	38.00 元

服务热线：010 — 58301130 — 0（前台）
销售热线：010 — 58302977（网店部）
　　　　　010 — 58302166（门店部）
　　　　　010 — 58302837（馆配部、新媒体部）
　　　　　010 — 58302813（团购部）
地址邮编：北京市西城区西环广场 A 座
　　　　　19 — 20 层，100044
http://www.chgslcbs.cn
投稿热线：010 — 58302907（总编室）
投稿邮箱：1621239583@qq.com

序 言
PREFACE

韩都衣舍电商集团创立于2006年，2016年营业额14亿，2016年7月已登录新三板，成为互联网服饰品牌第一股；

三只松鼠股份有限公司成立于2012年，2016年年度营业额突破50亿元，2017年登录深交所创业板；

御泥坊2016年营业额超11亿，拟创业板IPO；

小狗电2016年营业额超5亿；

百草味2017年营业额超27亿；

……

身处同样时代，这些品牌企业短短几年做到如此惊人营业额，成功上市或即将上市，而我的企业转型困难重重，我的创业屡屡失败？我们很困惑，也很迷茫：是什么让他们顺利转型？与这些成功的企业相比，我们到底缺少了什么？

随着新时代的到来，传统企业的经营方式与思维逻辑，已经无法跟上市场的脚步，转型已经成为唯一的选择。但是，对于企业来说，转型不亚于壮士断腕，其中隐藏着许多风险。

想要破局，必先识局。只有提前看破这潭浑水下的危险，下水时才不会被暗涛所吞噬,最终尸骨无存。

在这个创业热潮一浪高过一浪的今天,拥有自己的企业是许多人的共同的梦想。梦虽人人都可以做,但有的人梦想成真,有的人却是南柯一梦,还有的人则永远停留在梦想阶段。

创业是实现梦想的第一步,然而创业初期就好像一头钻进一个看不见尽头的隧道,创业者凭着一种直觉,一个信念,在黑暗中摸索。怎样才能穿过那条又长又窄的隧道,打开人生的另一个窗口?

套用一句俗话,可以这么说,企业失败的原因千奇百怪,而成功的秘诀只有一个:企业从酝酿、创办、成长到成熟,都必须占领市场的上风。这个秘诀若按照企业创建及成长的流程,可以解构成九个招式。

第一招:眼明。不单是发现商机需要创业者敏锐的眼光,寻找企业合伙人以及确定企业地点,这些对企业成功与否都至关重要,需要创业者做到目光如炬。

第二招:手快。商机是一只没有脚的小鸟,当它从你的头上快速飞过时,你必须一把将它抓住。"机不可失,时不再来"说的就是这个道理。

第三招:胆大。在我们周围,有一些相当成功的人。他们成功的原因并不一定是他们"会"做,更重要的是他们"敢"做。

第四招:心细……

山不在高,有仙则灵;水不在深,有龙则行。创业致富的招式在"精"而不在于"多"。创业者只要掌握以上九招,在千军万马的独木桥上安然闯过的胜算自然倍增。

影响人一生的转折点,有时候并非只是高考、婚姻、或工作,更多的可能是来自不经意间的一本书,或一句话。希望本书能给你带来灵感,找到自己想要的答案。

目录

C O N T E N T S

第三招　胆大

第四招　心细

第五招　脸厚

第六招　皮硬

第七招　耳聪

第八招　嘴甜

第九招　脚　稳

第一招

9 招 走 出 创 业 困 局

眼

明

在波涛汹涌的商海大潮中，蕴藏着无尽的商机。所谓商机，就是发展商品经济的市场机遇，也就是人们常说的商业机会。商机是企业的生命线，对于企业经营者来说，商机背后隐藏的是巨大的财富与无限美好的前景。然而，商机又是转瞬即逝的，这就要求经营者具备敏锐的洞察力，能够及时地识别它，并迅速把握住它。

商机广泛存在于社会经济生活中，但它的存在并不是显露的，也就是说，并不是一眼就能看到她的身影。商机的存在是潜隐的，她隐藏于纷繁复杂的社会生活之中，只有以敏锐的眼光、积极的行动，才能撩开她头上的神秘面纱，发现她俏丽的身影。

不仅发现商机需要企业者敏锐的眼光，寻找企业合伙人、确定创业地点，这些也需要企业者能够目光如炬、分辨良莠。

究竟哪种行业赚钱

许多经营企业的朋友，在创业之初问得最多的问题是：现在做什么生意最赚钱？别人的回答五花八门，事实上别人也难以说清楚这个问题。搞外贸和外国人做生意，拿的是美元，当然赚钱，但也有亏本的；擦皮鞋一元钱一元钱地收集，也有做成连锁店发财的。虽说天下没有绝对赚钱的行业，对上述的问题笔者也无法做出一个准确的回答。不过若在创业之初，将目光锁定下列几类人的钱包，赚钱的胜算会倍增。

1. 富人

所谓"富人"，就是那些经济条件允许他们追求高消费的人群。大凡高品质的商品都是以昂贵的价格与同类商品相比才显示出它们的高低档次的不同。由于富人手中有较多的钱，所以他们购物较注重商品的档次，高品质、高价位的商品是这类人消费的真正目标之一。

从以上分析看，那些平日动辄就腰缠万贯出门购物的人，他们所到之处大都是宾馆、饭店或高级商厦，因为只有这类地方的商品价位才能满足他们的消费欲望。你若是有意到这类地方开店，你在组织货源中就必须想富人之所想，做富人之所需。事实证明在高档店铺和富人做一笔交易所得到的利润，比在小打小闹的店铺磨破嘴皮做好几天生意所得的利润还要可观。既为富也敢露相者，其社交圈自然在常人之上，消费频率和消费种类也就比常人都多。花钱买痛快，这是他们这类人一致的消费观。因此，若将店铺开在这种地方，绝对要"眼明"，万不可将低档货放到这里经营。那样就是经营者"眼浊了"。尽管从理论上说钱不是万能的，但在现实中，钱对人所能产生的魔力还是不可低估的。你如果能了解富人的消费心理的同时也能摆正自己的赚钱心理，你就有能力去赚富人兜里的钱。倘若自己心理位置都摆不正，别说赚钱是空话，只怕成天受气受委屈，也够你累的。

2. 女人

女人是市场消费者的主体，这句话会得到大多数人的认同。你只要在商场里驻足一个小时便会发现，在镜子面前照来试去不厌其烦地都是女人。女人喜欢逛街和买东西是她们的天性。

各种购物商场就是证实"女人的钱好赚"的最好地方。开业时，你会注意到一个有趣的现象，来百货公司的顾客80%是女人，男人则多半是陪着女人来的。这些女顾客白天来的大部分都是家庭主妇，而下午5点以后来光顾的多是下班的白领小姐们。要使已婚妇女和未婚小姐产生购买欲，就必须看时间来更换商品，以便迎合她们。

于是，聪明的商家白天就摆上妇女用的衣料、内衣、厨房用品、手艺品、袜子等实用类商品。一过了5点钟，就将时髦的、充满青春气息的商品摆上货架，以便迎合年轻的女性。光是袜子一类就有数十种色彩。内衣、迷你裙、化妆用品等都排列出年轻女性喜欢的大胆款式和花样，凡是年轻小姐需要的可说应有尽有。

大木良雄又精心关注5点以后的顾客。5点以后来光顾的顾客不仅很多，而且5点以后的一小时内，销售额是白天一小时的两倍，尤其是青年的服装销路最佳。他了解到这种情况后，就倾其全力来销售年轻女性用的流行性服装及化妆洗护用品，当然最重要的是物美价廉货真价实。

这样，日伊商店的商品既流行又便宜的消息很快传开，每天吸引成千上万的顾客，使他在半年后又设立了6家分店，三年后他的分店遍布全国，一共有108家。

原来以为女人喜欢去逛街，看到喜欢的东西必买无疑，而上网购物的形式只有懒得逛街的男人才热衷。根据美国的一项调查资料表明：只要是购物，无论在哪里，以什么形势，都绝对是以女人占上风的。

在2001年圣诞节至新年的假期中，美国上网购物的人群中，女性人数第一次超过了男性人数，所占比例达到上网购物者的58%；另外，各类上网购物者在网上的消费金额也超过了上一年。调查还显示，女性网民对上网购物的评价高于男性；有37%的女性称她们非常喜欢上网购物；男性方面，这一比例仅为17%。有29%的男性称，他们一点也不喜欢上网购物；但女性方面，这一比例仅为15%。如果你是商家，这些数据肯定让你喜笑颜开了，盯住女人，在哪里她们都有把钱扔进你的口袋的可能。

"瞄准女人"，这也是犹太人经商的格言。在那些富丽堂皇的高级商场里，那些昂贵的钻石、豪华的礼服、项链、戒指、香水、手提包……无一不是等待着女性顾客的。普通购物商场甚至超级市场所展卖的各种商品，也是以女性产品占绝对统治地位，而且只有女人才关心品牌和新款式，商场里的新东西总先打动女人的心。

现代女人的经济不仅独立，而且经常管家庭财权，更造就了商家赚女人钱的契机。且不说女人的日常用品，就是好多男式的商品的设计包装也着重取悦女人的审美眼光，因为女人经常代替男士购买或者在购买过程中起决策作用。聪明的商人就是瞄准了这一点，在赚钱上从不轻视女人的作用，以此赢得巨额利润。

3. 孩子

除了女人之外，孩子是又一个不容置疑的消费群体，他们没有收入，但却有不可忽视的消费能力。看准孩子的市场，抓住时机，定会让你只赚不赔。

孩子是一个家庭重点关注的对象，这些"小"人的要求是绝对被重视的。有的家庭大人可以少消费，但花在孩子身上的钱和其他富裕的家庭相差不多。所以聪明的商家只要盯住孩子的兴趣，获取利润绝非难事。

再说"麦当劳"和"肯德基"，那对中国人来说价钱并不算低的美国"垃圾食品"，主要受到了国内孩子的青睐，才如雨后春笋般越开越旺。经常见到小小孩子路还走不稳，但一见到那个巨大"M"或那个戴眼镜老爷爷，就会拉着父母的衣襟往那里拽。

针对儿童的商品品种虽然有限，但很容易形成"风"，因为小孩子分辨能力不强，又不在乎什么个性，他们只要求人有我有。孩子又多聚集起来活动，所以极容易互相影响。如果你善于挖掘儿童商品的市场，相信不难在商战的夹缝中求得生存。

"再苦不能苦孩子，再穷不能穷教育。"这是倡导教育的口号，但作为商人，你要能从这句口号中看到金钱的"影子"。无论孩子大人，无论消费能力是否有限，只要有消费的需求，商人就要为满足他们的需求去创造条件，抢占市场。

在现实需求中识别商机

一些商机体现在现实的需求之中。抓住了现实需求，就能在其中发现获取财富的商机。

台商李旦华原来在台湾与人合作创办一家旅行社，他一面带着旅游团到内地游览，一面借机寻找在内地投资的机会。这期间，他发现沿海城市有很多合资鞋厂，但他们制鞋所用的鞋布里却全是外国货。

这里面明显体现出鞋里布存在着很大的需求，然而这种需求却尚未能在本国市场上被满足。李旦华看出这里有个可开发的大市场，他当即与台商合作，在大陆福州开办了一家无纺布工厂，专为各鞋厂提供替代进口的高级无纺鞋里布。这种新型鞋里布透气性好，因而，一上市便畅销南北，把外国货挤得节节败退。

事实上，在我们身边，很多发家致富的人都是在现实需求之中发现了宝贵的商机。武汉一家工厂的余某在上下班时就发现，一路沿线企业众多，可是为企业职工提供休闲娱乐的设施很少。余某看准了这一现实需求之中隐藏的商机，凑了一笔钱开了一个音乐茶座，为企业职工在空闲时聚一聚，放松精神提供了一个场所，可想而知，余某的音乐茶座生意火爆。

在现实需求中识别商机，一定不要忽略一些小的机会。

很多人习惯根据消费的经验，将生产分成大小等级，以为那些从事投资少、单价低的是小生意，反之则是大生意。比如经营房地产的必定是大老板，而从事柴米油盐的可能就是小商家。

其实生意的大小是由需求的大小决定的，当绝大部分老百姓还对他们积蓄一辈子也买不起的高档住宅望洋兴叹时，这个盛产大老板的行业就成了吞噬资金的黑洞。相反，在一般人最瞧不起的农村，专门向节俭的农民提供饲料和化肥的经营者中，却能产出真正大腕儿级的巨商。

平凡的生活中蕴藏着无数的商业机密。有成就的商家善于用独特的"注意力"去发现，从人们忽略或不屑一顾的"小本经营""生意人"入手，却取得了令人震惊的成功。第三产业天地广阔，大有可为，尚有许多未开垦的处女地，等待有眼光、有心计的人们去开创新的商机。

寻找市场并不如想象中困难

一个商业好主意，就意味着赚钱。许多创业者发现要找到一个商业构想是一个很困难的事情。不过下面的故事可以让我们相信，赚钱的好主意可能在我们身边出现过无数次，只不过是我们并不认识它们。

索尼是一位戏剧爱护者，但演戏剧并不能赚钱养家糊口，他必须有其他的收入，但又不能早九晚五地上班，因此他必须做小生意。

美国青年索尼对剧院门口炒音乐会门票的"黄牛"之类的事十分熟悉。每当他上剧院时，总有人向他兜售门票，有时也会遇上退票的人。他灵机一动，心想凭什么让"黄牛"们赚钱，不让我以此为生呢？因此他开始了他称之为"配票分析师"的工作。

表面上，所谓的配票分析工作与一般的炒票的黄牛们所做的无异。但黄牛们干的是非法的，而索尼干的是合法的。因为索尼卖出的票，其价格从不超过原来的票价。按法律规定，只要不超过票面价格出售，就算合法。因此剧场工作人员从不干涉索尼的"分析工作"。

索尼之所以要称他的工作为"配票分析工作"，原因是他认为他所做的与华尔街的股票分析师们干的并无二样。他从那些因事无法观看戏剧或音乐会的人手中，以低于票面的价格买入，再以高的价格，但却是仍低于票面的价格卖出，这是他对市场分析的结果。

不同的戏剧、不同的季节、不同的天气就有不同的分析结果，也有不同的交易策略。正如股市分析师们忙于给股票标上"买进""卖出"的标签一样，索尼也对不同的票有不同的买进、卖出的策略。

在一个寒冷的下午五时左右，索尼照例到一个剧院门口开始他一天的工作，他发现一位妇女站在剧院门口东张西望，他的职业习惯告诉他，这是一位想出让手中的票的人。于是他上前问这位妇女，是否可把票转让给他，但交易却不成功，原因是，这位妇女手中有两张票价60美元的票，她想按原价60美元卖出。

2个小时过去了，戏剧要开场了，索尼已经做了好几个买卖了，那位妇女仍在寒风中，向每一位走来的人述说她的朋友为何因故不能出席演出，她想按原价卖出的故事。可惜没有人买她的票。

这时有两位年轻人走过来问索尼，他们想买中等价位的票。索尼对他们说"请稍等一下"，便走到门的另一边的这个妇女的跟前，对她说，"你已经无法把票退掉了。"妇女说"没办法，我只好进去看戏了。"索尼说："我有一张100美元的前排位置的票，换你手中两张票如何？"这位绝望的妇女发现她可能损失60美元，变成损失20美元，大喜过望就答应了。于是索尼最后以一张60美元买入的100美元票，换来两张60美元的票，再卖给那对年轻人，获利是60美元！

这就是索尼所谓的"配票"工作，他每周只要干上二至三个傍晚，就有丰厚的收入，并继续追求他的戏剧事业。他之所以把自己类比华尔街的股市分析员，是因为这种配票工作也是有商业风险的。

索尼的故事只是一个小买卖的故事。但索尼能够从非法的黄牛经纪的活动中，找到属于他的市场。其实许多大的市场是存在的，也许正在你的身边，只是你还未意识到而已。

他们是如何创业成功的

前面我们讨论了在创业之始"眼明"——即慧眼识商机这一问题。为了更全面、形象地让读者明白如何练就一双慧眼，下面我们再以几个成功创业的过来人为例，希望读者能从中有所感悟，有所体会。

1. "细节消费"催生的饰品店

不知道从什么时候起，大街小巷忽然多出了不少琳琅满目的小店，面积不大、售货员不多，有的甚至连名字都没有，只是标明"饰品店""饰品五元店、十元店"或者是"韩国饰品"。但是无一例外，当你走进其中任何一家饰品店，都会被琳琅满目、花花绿绿的小玩意儿搞得眼花缭乱，什么头花、项链、发卡、小贴士、书包、帽子……摆满了货架。小饰品恰到好处地满足了人们越来越注重"细节"的需求。

这种追求时尚的需求使小饰品自然而然地火了起来，精明的商家看中了它所创造的利润。这些小饰品，一般价格都在几元到几十元之间。面对一件自己非常喜爱的美丽物品，女孩们很容易花出这笔钱。"虽然是闲逛，但基本上都要买一些，尤其感觉不贵的，10元以下的很轻易就买了"，说这句话的女孩子收集了很多发卡，她说发卡便宜，可以接受。

花几十元钱买个喜欢的东西，还能起到点缀自己的作用，很值。不过，小饰品单个买起来不显眼，但买得多了也是一笔不小的开销。女孩子们一般都有过这种"经历"，本来什么都不想买，可一进了饰品店想不花钱都控制不住了。小饰品就是有这种让人"非理性消费"的魔力。

可观的利润使得大大小小的饰品店应运而生，有些饰品店还开起了连锁店。"顶好饰品"的负责人于小姐，和她的家人一共有6家连锁店。于小姐说，他们刚刚做饰品生意的很少，那时候市场对时尚的东西不是很敏锐，近年来市场需求越来越大，做饰品生意的人就越来越多了，市场竞争也就更激烈了。

饰品的市场空间还很大，因为潮流不断在变，只是要求从业人员做得更专业而已。很多大一点规模的饰品店都有自己的设计师和加工厂，并且允许个人加盟，发展得都很快。这种"细节消费"催生的"细节经济"的前景似乎还不错。

2. 开一家假日"托儿所"

自从实行放长假制度以来，人们外出旅游的机会多了，但这让养宠物的家庭犯了难，最近哈尔滨一家政服务公司日前别出心裁地推出了"宠物寄养"一条龙服务，引来了不少打算出远门的宠物主人。"把猫放在从没养过猫的人家里怕照顾不好；放在养猫的人家，又怕自己家的猫受欺负。请专业的人士来照看小猫，外出旅游也放心。"

一位来此"寄养"波斯猫的女孩讲，春节期间她与家人到海南度假，可跟自己生活了七年的老猫成了她的"包袱"，舍不得又放不下，听说家政服务有"宠物寄养"新项目，就抱着老猫试着"寄养"。与这位女孩的想法相同，虽然春节未到，许多宠物主人便先试着将家中的狗、猫、小鸟、龟等宠物抱到这里"寄养"。

这项业务在广州早已开展，小丽的宠物店就开发了宠物寄养这一业务，2003年因国庆长假，她光寄养这一块业务，就获纯利3万元。在她的店里。宠物托养可按宠物的口味进行配餐，解决了许多外出度假的宠物主人的后顾之忧。因此预约寄养宠物已成了各地放长假期间家政服务的新"热点"。

3. 未婚女孩的"婚庆"事业

南京姑娘宋琳和她的两个朋友共同出资10万元办了婚庆公司，她拿出平时的积蓄6万元。她选择开家婚庆公司，是因为看到了南京市每年有2万至3

万人结婚，她想只要有1/10的新人选择我们的公司，就是笔不小的收入。

宋琳说，公司开张半个月后，第一个客人登门了，他要求我们为他做婚礼摄影，当时我们3个人什么都不会，只好托朋友请一个专业的摄影师。现在婚庆公司增加了新婚化妆、礼服出租和花车出租等服务内容，随着公司收入增加，婚庆公司也越办越红火了。

一般中等规模的婚庆公司一年可做800多位新人，每位新人的费用在2000元至5000元不等，一年的销售额达到近300万元。利润可占全部销售额的10%~20%，年利润应该达到30万元以上。专家提醒，对于想进入这一行业的创业者来说，起初最好能有20万元左右的原始资本，这样运作起来可以比较宽裕，除去房租外，最重要的是能够请到专业的摄像、司仪人员，这样既可树立品牌，又可降低成本。

杜绝合伙 "遇人不淑"

在一个人独资创业的情况下，不仅势单力薄，而且人力才智匮乏，资金上也很难维持长久的、快速的增长。但是大多数人宁愿慢慢来，长期做小商、小贩也不愿与人合作。这其实是一个错误的做法。

在创业过程中，找个理想的合作者并不会使你少赚一半钱，相反，你很可能换回数倍的利润。不过，再次强调这一切都建立在你选中合适的合伙人的基础之上。

最佳的合伙关系是建立在纯粹生意上的。最好还是每一个合伙人都能为公司的营运带来一份贡献。

道格·R是美国一位航空工程师。当他发明一套喷气式飞机降落系统的时候，他就很聪明。他并没有采纳他最好的朋友和工程师的建议，一起开设公司，而是在《华尔街日报》上登了一则广告，结果他找到了一个所有新公司所最需要的合伙出资人。

这样的配合十分理想。道格的合伙人投资98000美元，负责监督公司的财务，而道格则继续做他最拿手的事——发明一套精密的设备。这样管理上的良好配合，使这家生产现代飞行精密仪器系统的公司终于艰难地走过了他们的起步阶段，并与海军签订了100多万美元的合同。从此，这家公司的业务蒸蒸日上。

对于合伙人的选择，许多创业成功者的建议如下：

1. 与"志同道合"者合作

不同的创业者建立企业的目标和动机可能不同，而不同的目标与动机会导致不同的经营战略和方法。一家商店到底该怎么办，关键要明白你的目的。如果你的合作人只想尽快收回成本并得到最大利润回报，而你的目的却是要做成一个长久性的老店，打造出知名品牌或老字号，那么，各自的经营策略也会是有所不同的。

应该说，在企业之始，当你们的目标还是朦胧的意识中时，由于你们的实力还不大，对瞬息万变的市场还没有把握，这一切都会在日后的发展中逐步明朗的。但是，你应该有一个明确的目标——企业必须选准合伙人。

值得创业者注意的是：上面所指的"志同道合"，是纯粹从商业的角度出发，而不是个人的嗜好或其他方面的"志同道合"。

2. 取长补短，优劣互补

《山海经》里的一则故事说，长臂国的长臂人和长腿国的长腿人，各有自己的长处，同时也各有自己的短处。下海捉鱼，一个涉不深，另一个却够不着。可是当长臂人骑在长腿人的肩上时就既能涉得深又能够得着了。这就是相互补充组合的效果。同样，合作人有缺点，你也有缺点；合作人有优点，你也有优点，如果能进行互补的话，合作的整体力量必会得到极大的加强。

　　合作就像一部机器，机器需要不同的零部件的配合。一个优秀的合作企业，不仅能够为合作人的能力发挥创造良好的条件，还会产生彼此都不拥有的一种新的力量，使每个人的能力得到放大、强化和延伸。

　　最成功的合作事业是由才能和背景不相同，而密切配合的人合伙创造出来的。如果你来自城市，而他来自乡村，你受的是良好的教育，而他是靠刻苦自修，你的性格比较内向、谦和，他的性格比较外向、奔放，你们必须互相补充、互相砥砺。

　　上述的两点均是从大的方面论述的，至于具体操作，可参考下列四个方法。

　　（1）征询准合伙人从前伙伴的意见。在找生意合伙人时，可征询他从前的伙伴对他的看法，听到别人说他的好话固然好，但也要和反对他的人谈谈。

　　（2）审查准合伙人过去的记录。要知道他有没有实际的工作经历和接受过相关专业训练？他是否真的对这一行很了解？注意他过去失败的经历，并不表示他该被淘汰出局。一位企业家曾说，他更喜欢和曾经失败的人合作。因为破产一次的教训，抵得上在一流学院读几年的书。不过，要避开那些只会捏造借口、推诿责任的人。

　　（3）了解准合伙人的目标。在开头时，你俩的目标一定一致，即使随着生意的发展未来逐渐改变，但起初方向应该一致。

　　（4）调查了解合伙人的生活方式。应见见他的家人。一个有趣的现象是，他对太太的态度可能就是他将来与你合伙时的态度。

看准创业的地点

假如你决定选择一处商业地点开超市的话——不妨再仔细地想想看。因为选择恰当的商业地点实在太重要了。

选错了地点就犹如一头往墙壁上撞去一样，无论你的事业有多么完善的组织，无论你的事业多有前途，仅仅就是选错了地点，你整个的创业就泡汤了……

所谓的"选错地点"，是指在一个不能配合市场行销的地点开办公司，是指为了某种特殊的原因，选择了一处不利于产生公司营运所需销售额的地点。

这种事常常发生，而且最常发生在业主或经理人员出于"省钱"的目的，或租或买一处二流的地点来营业。或者，纯粹出于无知或经验不足，花了大把的钱租或买了一处自以为适合的地点。

其实，这两种错误你都可以避免。

首先，让我们来解决低价租或买了房子就以为是占到了便宜的想法。这想法真是再错误不过的了。要有因小失大的好例子的话，也就是这类了。你以为投资资本额的20%、30%甚至50%于一处你们认为的最好的商业地点就是浪费吗？正好相反：这正代表你们能很有效的、很有竞争力地运用你们的创业资金。这是一项明智的商业抉择。

每一位创业者都应该花较多的时间和精力去仔细的研究所有地点的可能机会，分析其优缺点，然后挑选一个最适合公司需要的地点。记住：没有两种行业是一样的，也没有两种行业有相同的地点需求。所以，在你进行下一步行动之前，你必须彻底分析你们的需求。

这一步骤对新手、老手都可以适用。正如一个公司在一个不适合的地点营运了好几年，并不代表该公司不能考虑搬家的可能性一样。相反的是，不断地检视所有更能促进生产力的机会是一种健康的商业行为。在这当中，地点永远是要列入优先考虑的。

进一步，选择地点的时候你要注意些什么？以零售业为例，多年的实践经验告诉我们，有大量消费人潮的地方是最佳的地点。即使是管理不善的公司，如果处在这种一流地点的话，也会日进斗金；如果再有健全的管理配合，这种地方对你来说就是一座金矿。

谈到消费群体，除了数人头以外，我们还需要考虑一些其他的因素。比如说，我们还必须注意到"人种统计学"，也就是该地区消费人口在统计学上的分布情形如何。他们是年轻的还是年老的，是穷的还是富的，是单身还是已婚的？客户会光顾什么样的商店，这些因素非常重要。在一个以中老年人居多的购物区开一家流行音乐碟店，如我们前面所说，就好像一头往墙上撞去。这样的生意是绝对不会好的——因为它搞错了市场环境。

从另一方面看，在一处正好适合自己产品和服务的市场开创一项事业，也许这也是错误的。为什么呢？因为市场也许已经饱和，出售同样产品或服务的竞争者早就已经盘踞了市场，经过多年的经营，积累了不少的客户。这是一个很难对付的问题，就好像在登山比赛，你还没有露面，别人已经在半山腰了。

那么，你怎么知道哪一处地点是必成的或是必输的？你可以探询一下，你也可以实地抽样验证一下，或者你也可以很科学调查一下。

以美国为例，美国的"人口普查局"就有美国全国的人口统计的详细报告。从这些报告里，一位有经验的生意人能搜集到相当有价值的资料，对生意地点的选择十分有效。你也可以在各地的图书馆里找到这些资料。

"为了要取得这些资料，不管你要费多大的力，这种努力都是值得的。"兰斯，一位在美国俄亥俄州的家用电器商这样说："我跟我的合伙人离开百货业巨人席尔斯的时候，我们已经在那儿干了12年的百货经理，当时，我们想，凭我们在这一行那么多年的经验，何不创业看看。"

"很自然地，我们选择了老本行，卖家用电器。我们了解到，我们要找的地方是一个正在稳定成长、有足够购物人潮、竞争并不激烈的地方。我们也从其他的老字号得知，这种市场不会一不小心从天上掉下来的。所以，我们决定出去做一点科学研究。结果，我们转向了普查局的报告。"

经过详细的研究，兰斯和他的合伙人狄纳发现，与他们原先的想法相反的是，在俄亥俄州，他们理想的创业地点不在克利夫兰或辛辛那提等主要的都市区。普查报告指出，最新的市郊社区才最符合他们的要求。

"我们发现，这些市郊的新社区极有潜力，是待采的金矿，"狄纳补充说道。"统计数字说得一清二楚：我们发现了多处有许多新屋子、年轻家庭、中高收入者的新社区。大多数的家庭都有了基本的电器设备，当然，每个家庭注定会继续成长的，电器的需求量也会随之增长。"

"而且，最棒的是，商业普查的数据显示，这些地区的竞争者不多。我们将这些同行罗列了出来，结果发现，我们可以很容易地以更好的产品，更优惠的价格击败他们。"

好了，长话短说，在一向利润甚丰的家用电器业里，兰斯和狄纳再一次证明，他们是这方面的最佳拍档。只不过3年，这对合伙人就开了11家成功的连锁店，年销售额达到了800万美元。虽然跟席尔斯比起来简直是小巫见大巫，但他们已经是两位快乐又富有的创业人了。

"当然，"兰斯补充说："并不是找对地点就一切OK了，你还有很多要注意的，不过，那真的很有帮助。不久前，就在我们的业务开始成长的时候，我们听说了城里有至少6家家用电器行开业了。我听到了以后不寒而栗，心想，我们当初要照原定的计划在城里开店，而不认真的考虑其他可能的地点的话，我们今天不晓得会变成什么样子。"

创业所经营的业务不同，其选址也各有侧重。下面试举几个行业加以说明。

1. 批发商选择店址要领

商业批发商店应尽量靠在专项性商品的成行成市之处。批发业的特点是数量大而利润较薄，所以，首先要保证生意量。一般来说，成行成市的地方客户往来多，他们在选购别人的商品时，也会来询问和选购你的商品。你不必担心这种地方的竞争。要进入批发市场，你首先就要有竞争的意识与心理准备。若是初"下海"的人，你在这种地方经营能很快地得到锻炼，找到门道。

其实，除了竞争的一面，还要看到共存共荣的一面。市场越发达，集中的同行商家越多，名气就越大，慕名而来的人就越多，各种外部条件也就会越来越好，生意也就会兴隆旺盛。不然就不好解释，为什么越是成行成市的地方，就越能招商引客，这就是规模大的好处。在这样的地方，你能较快地结识更多的客户与供应商，也能了解到更多的商品信息。

2. 餐饮业如何选址

民以食为天，店以人为先。餐饮业的兴隆与否，由广大的消费群体所决定。只有靠近广大居民的生活小区，符合居的消费水准，餐饮业才会兴旺发达。

无论经济怎样迅速发展，人民的生活水平怎么提高，吃饭总是不能少的，"吃"是人们的生存之本。怎么才"吃"得实惠、"吃"得方便，是广大消费者关注的问题，所以餐饮店面位置的选择，将是你生意兴隆的有利因素。具体的条件大致有以下几个方面。

（1）是否靠近消费群体。只有消费者的存在，才会有市场的存在，看一看现在及将来，是否靠近居民生活小区及生活服务区。

（2）了解居民的消费习惯。由于受周围环境及工作环境、民族、风俗习惯的影响，人们的饮食习惯不尽相同。

（3）了解当地居民的消费水准。这个资料是不同地区消费活动的直接指标。也是餐饮业的重要指标，依此，可以制定出适应不同消费水平合适的餐饮服务，确定服务档次。

（4）考查店面周围环境。如果周围环境污染严重，噪音影响很大，人们是不喜欢到这个地方来的。尽量要选安静、卫生及周边环境清新的地方。

（5）店面前是否有宽敞的停车场所。一般来说，消费者不但喜欢得到优质服务，更喜欢自己财产的安全、行动的方便。店前或附近有宽敞的停车场所，会给在拥挤的都市生活的人们带来极大的方便，这已是越来越多的开车族前来消费的条件之一。

3. 文化娱乐场所的选址

文化娱乐场所是人们消遣和休憩的地方，特别是在快节奏的经济发展大潮中，人们希望拥有一片能放松身心的空间，以调节紧张的情绪。文化娱乐场所的选址同样是至关重要的。

文化娱乐活动的特点是休闲、放松、消遣，所以这应当是给人们能带来乐趣的地方，同时也应该是人们增长知识、陶冶情操的好去处。故此，文化娱乐场所的选址应该注意以下几点：

（1）文化娱乐场所应处在人口较密集地区的附近，但要保持一定的距离。离人们较近是指能够方便人们，充分利用闲暇时间，同人群要保持一定距离是指娱乐场所应尽量少的影响人们的正常休息。

（2）要有便利的交通。便利的交通能方便八方客人，同时也是人口集中或流量特别大的地方。

（3）要有宽敞的停车场所。娱乐业主要是生活水准较高，或是人们会客聚友的地方，所以难免要有众多的车辆，有了停车场方便了顾客，也会给自己带来利润。

（4）文化娱乐场所周围环境。就是要在空气清新、环境幽雅的地方，能起到一定的强身保健、陶冶情操的作用。

（5）文化场所与娱乐场所又有所不同，文化场所虽然要交通便利，但要远离嘈杂的环境，以便人们静心学习，如设在院校较多的大学区。娱乐场所则突出高雅与闲致，给人以清新的乐趣。

让狂想成为摇钱树

当年轻的微软皇帝比尔·盖茨用他的Windows将全世纪无论醒着的或是睡着的人们都煽动起来时，在纽约的华尔街上，一个毛头小伙子，正开着破旧的旅行车去西部寻找他的梦想。他就是杰夫·贝佐斯。

十年间，贝佐斯所创办的亚马逊网上书店，从一个小小的网站起步，到如今市值被高估达数百亿美元，远远超过美国原来最大的两个书店——巴诺和博德斯书店的市值总和。更令各界人士津津乐道的是，亚马逊书店股票在1997年5月以每股9美元的价格出售之后，到1998年11月底，竟涨到了209美元，足足涨了23倍，连创股市新高。

在这当中，最感吃惊的当然还是那传统产业的老牌企业，有着125年历史的巴诺书店，更是在亚马逊的光环下，被当作一个"落后就要挨打"的典型代表。

1994年4月，当30岁的贝佐斯上网浏览，发现了这么一个数字时，互联网就已经把一个大好机会拱手交给了贝佐斯。这个神奇的数字就是：互联网使用人数每年以2300%的速度在增长。就在这一刻，贝佐斯明白了自己的使命，开发网上资源，创立自己的网上王国——亚马逊公司。他离开了华尔街收入丰厚的工作，决定自己打拼。

1998年，亚马逊公司获得了当年电脑世界及史密森科学月刊奖的殊荣，这是一个只颁发给那些对信息科技产业有卓越贡献者的奖项。而在1999年10月18日美国《时代》周刊评选出的"全球50位数字英雄"中，贝佐斯赫然名列榜首；1999年12月美国《商业周刊》评出的25位电子商务最有影响力的人物中，贝佐斯也名列榜首；1999年12月《时代》周刊评出的本年度风云人物又是贝佐斯。

由于亚马逊创业才10年，电子商务也刚刚兴起不久，很多方面还要完善，因此，贝佐斯的桂冠上更发出了几道新世纪的曙光。贝佐斯，敲开了世界上又一个宝藏之门的人。

贝佐斯指点出了一个时代，网上时代；贝佐斯开创了一个先机，电子商务的先机；贝佐斯还引来了一种新的作风，媒体将之称为"新生代的CEO（首席执行官）作风"。这种作风就是大收购、大兼并，直到全世界成为一个整体；就是投资、投资、再投资，直到占领整个市场。

贝佐斯每年不惜将收入的20%甚至30%投放广告，建立自己的品牌形象，也不惜在收不能抵支的情况下，勒紧裤带斥巨资去开发音乐商品网站、药品网站、电影网站、宠物网站……当然，贝佐斯4年来的惊人事迹还有很多。比如，谁敢在自己的网站上卖别人的东西，并帮助顾客货比三家？贝佐斯敢。谁敢说赔钱越多越好，赔钱少了就是吃亏？恐怕也只有贝佐斯敢。还有谁敢说他将使世界上每一个角落的人都能买到他的书呢？

迄今为止，除了贝佐斯外，还没有人敢这样夸口。在美国网络发展的分析家眼里，如果世界上有谁可能把网上虚拟世界改造得比我们的实体世界更重要，也更必要的话，那么这个人除了贝佐斯外，便再不会有其他人了。

时代不曾亏待过年轻人，这样一个充满激情和梦想的时代也更不曾亏待过贝佐斯。新贵诞生，旧主老去，总裁们越来越年轻，创业者越来越年轻，网络使过去一切不可能的转眼间就化为现实，贝佐斯可真是收获累累。

他不仅改变了图书零售业的经济学观念，同时也改变了传统零售业的经济学。他不仅使得图书业的巨无霸巴诺书店望洋兴叹，同时也凭着仅推出4个月的音像制品销售成绩，就吓得美国音像制品业两大龙头CDnow和N2K公司急急宣告合并，结成同盟。他花钱做广告，却能让每一块钱就赢得24个客户。他开发的各类网站，很快使他的顾客增加到1200多万人，当时公司市值

预估达到300亿以上。他在自己的网上卖别人的东西，而销售金额增长率却在300%以上

现在，亚马逊的名声越传越大，实力越来越雄厚，公司也越来越受世人看好。腰缠上亿资财的贝佐斯，重新回首当年那个突然决定的时刻，曾说了一句话："我决心要让自己在80岁时，不会后悔在30岁时辞掉华尔街的工作，但是如果错过了这个大好机会，我到80岁都会后悔不已。"

也许可以说，亚马逊今天的成就算不得什么。今天身价上亿的贝佐斯也算不得什么，可是却不得不承认，当年30岁时的贝佐斯，为了一个偶然看到的数字，而决定辞去他得心应手的工作，离开充满机会和诱惑的华尔街，这是一个多么令人激动的决定。历史就是这么创造出来的，贝佐斯总对自己的员工们说：我们不是在为亚马逊赚钱，也不是在为个人赚钱，我们是在创造历史。

曾经有一家研究公司这样估计亚马逊：亚马逊公司的销售额将从1996年的0.158亿美元，增加到1997年的1.317亿美元，成长可以近10倍。这个预测数字在当时可谓是胆大包天，谁也不会想到，一个才成立两年的公司，竟会具有这样的发展速度。而实际上，据后来的数据证明，1997年的销售金额为1.478亿美元，到1998年更是飞增到6.1亿美元。平均年度增长在320%以上。

高速增长的销售业绩，平均每年卖出6万本书的速度，使得最充满自信、对公司前途最为乐观的贝佐斯，都不由得有些吃惊。1997年贝佐斯在接受媒体采访时曾经提道："要做出疯狂的成绩来，就必然乐观，我就是这样的。我一直坚信亚马逊会很成功，但它已经成为一家大公司，也远远超过我的预期。"

贝佐斯崛起后所创造的一切，亚马逊家喻户晓的发迹传奇，都无疑在激动着无数的渴望创业的人们。贝佐斯成了新的、未来的、先进的思想和行为方式的象征，成了无数人仿效和追随的偶像，贝佐斯不断地被授予各种各样的荣誉称号，比如"网络先锋""拓荒英雄""电子商务第一人"。

而这一切，对于贝佐斯来说都不重要，重要的是他亲手创出来的公司：亚马逊，在整个电子商务史上应该拥有的什么样的地位。贝佐斯最关心历史，他用亚马逊网上书店来敲开历史的大门。

他希望成为创造历史的人。这一点在他30岁突然辞去华尔街的高级副总裁职务，而决定为了一个偶然看到的数字去奋斗，去创造，去开辟自己的天地的时候，就已经极为清晰地显现在他的脑子里了。他是一个充满激情和梦想的人，他所处的也是一个充满激情和梦想的时代。

成功创办一个企业，是许多人的梦想，但不幸的是，真正能够抓住机会让梦想成真的人只是极少数。虽然贝佐斯仅是其中的佼佼者，他为世人树立了一个成功的典范。

破局

第二招

9 招 走 出 创 业 困 局

手

快

商场如战场，情况瞬息万变。时间就是金钱，效率就是生命。许许多多的产品，大家都可以生产和销售，但是谁抢先一步，谁就能赢得市场；谁丧失了时间，不能迅速把握机会，谁就会失去市场。许多人在创业时喜欢跟着别人跑，一看到什么东西能赚钱就蜂拥而上，生怕好处被他人捞走了，结果总是造成大量商品积压，销不出去。因为，再适销对路的商品，它的市场销售量也总是有限的。

聪明的创业者，总是走在他人前头，一旦打开市场，挣了钱，等到他人加入竞争行列时，他已开始迅速撤退了。而那些总跟在他人后面的人，由于失去了时间，行动又不迅速，只能是赔了夫人又折兵，在商业竞争中总是处于被动挨打的地位。

快速进入市场

"时间就是金钱"这是现代竞争经验的总结。

时间之所以等于金钱，是因为时间可以直接影响资金的升值。在现代经济生活中，同样数量的货币，随着时间的变迁，其价值要发生变化。而且，时间也影响资金的占用和周转速度。企业的生产资金处在不断的运动之中，这种运动能带来价值的增值。

这种周而复始的运动，就是资金的周转。资金周转一次的时间越短，在一定时间内周转次数就越多，占用的资金总量就越少，等量资金带来的增值机会就越多，经济效益就越好。

时间影响机遇的捕捉。对于创业者来说，机遇常常是事业腾飞的转折点，是成功的开启钥匙，你只有抓住机遇，事业的经营战略才能奏效。而机遇常常又是昙花一现，稍纵即逝，永不复回的。如果不能迅速地看准和抓住市场闪现的这些机遇，就会被他人捷足先登，自己则悔恨不及。

10多年前，退伍复员的农村青年王立亮幸运地转业进了青岛一家化工厂当了工人。然而，1年后，他和一批工友下岗了。

在外人眼里，王立亮的人生之路绕了一个大弯，又回到了原来的地点。然而王立亮不这么认为，3年的军旅生活让他掌握了一定的专业知识，更让他练就了军人的敏锐、坚强与不屈不挠的性格。王立亮决心凭借自己的双手，来改变自己的生活、创造自己的生活。

1. 选择创业行当

王立亮想到了创业并首先审视了自己的实力：资金少，那一点点复员费做大生意是不可能的，只有做投资少、见效快的小本生意——王立亮首先给自己创业的大方向定了位。

那么，在众多投资少的行当里，选择哪一个最适合自己呢？王立亮在筛选了众多信息之后，亲自到黄岛经济开发区进行考察。一天中午，他被开发区排成长龙的车队吸引，他仔细一看，才发现是等候洗车的队伍。

于是，王立亮索性在这里观察了一个多星期，结果他发现，开发区内的5家洗车房生意都很好，都有车在排队等候，一天下来，每家都有四五十辆车的业务，他在心里算了一笔账，十几分钟洗一辆车，每洗一辆车收费10元，一天下来的利润少说也有二三百元。王立亮心中一亮：这个行当不正合适自己吗？

想到这一点后，王立亮马上把洗车场建在了胶南。胶南经济环境很好，却没有专门的洗车场。洗车不需要专业技术，租好一个场地，购回一台高压水枪，办好相应的营业手续，1996年5月，王立亮投资6000元的洗车场开了张。这是胶南第一个专业洗车场，王立亮占尽先机，生意出奇的火爆。3个月后，随着业务的增多，王立亮很快扩大了场地，雇了工人，并增加了为汽车打蜡等相关的业务，将小小的洗车场办成了专业的汽车美容店。这样辛苦一年下来，王立亮有了5万元的积蓄。

2. 技术创新保持竞争优势

一年能稳赚5万元钱，这对于初涉商海的人来说是一个极大的鼓舞。很快，继王立亮的洗车房之后，又有4家洗车场开了起来。胶南的市场容量毕竟有限，蛋糕因此被越分越小。

开办洗车房以后，王立亮对与汽车美容的相关信息特别留心。他在报上看到有关国外环保洗车的介绍，对无水洗车产生了浓厚的兴趣。正巧这时，在韩国从事轮胎技术研修的二哥回家探亲，为他带回了一瓶无水洗车液，王立亮高兴万分，当即拿它进行对比试验。用水洗车，打蜡、上光两道工序，每辆车下来需要半小时左右才能完成。

而韩国的这种无水洗车液洗一辆车只需要10分钟。在成本相近的情况下，无水洗车液不用水、省时、省电、省力的特点格外突出，王立亮马上意识到，无水洗车蕴藏商机。而这时，胶南水资源严重匮乏的问题也凸现了出来，政府职能部门下文对用水量大的单位进行限制，一个巨大的机会降临到了王立亮面前。

带着这瓶无水洗车液，王立亮找到了在化工学院从事科研工作的舅舅。通过检测，王立亮得知，这种韩国无水洗车液是由活性剂、乳化剂、渗透剂、上光剂等多种成分组成，具有极强的去污效果，能一次性完成汽车的清洗、去污、上光、打蜡等多道工序，并能形成一层高分子保护膜，起到防紫外线、防雨雪腐蚀、防空气氧化的全面保护作用。

详尽的分析，更让王立亮对无水洗车液产生了浓厚的兴趣。当天晚上，他回到家里，在网上搜寻有关信息，对无水洗车进行了市场分析：

——我国是世界上严重缺水的国家之一，目前国家正大力宣传节约用水。据有关部门调查，北京一年的洗车用水相当于17个昆明湖的蓄水量，而全国的洗车用水可洗干整个黄河！

——保护水资源就是保护自己的家园。因此，北京、济南等100多个城市已开始对洗车用水进行了极其严格的控制，而水资源极度匮乏的天津市已经开始关闭一些洗车场，北京、深圳、威海等城市已全面推广无水洗车。

——在中国，汽车工业有着一个巨大的发展空间，随着经济的快速发展，人民生活水平的普遍提高，家庭用车会越来越多，洗车将会像洗衣服一样普遍，节水环保的无水洗车有着一个潜力巨大的市场空间，如果能将无水洗车的产品推向市场，必将获得巨大的财富。

从国外进口洗车液成本太高，市场推广难度太大，曾当过化工工人的王立亮想到了自己研制开发无水洗车液。他的想法及研制工作得到了舅舅的赞同和大力支持。

经过半年时间的反复实验，无水洗车液终于研制成功，王立亮将产品拿到洗车房一试用，效果跟进口产品一样。无水洗车液的洗车效果非常好，深得顾客们欢迎。美好市场的前景让王立亮兴奋异常。

3. 再次创业

王立亮决定马上投资建厂生产无水洗车液。可是建厂所需的资金却成了难题，虽然开洗车房有了一点积蓄，但面对建厂所需的几十万元投资，王立亮却感到心有余而力不足。

几经周折，王立亮带着东挪西借的50万元资金来到济南开始第二次创业。他带着自己研制的产品，找到了济南市有关部门。当时正值济南市大力推行节水限水管理，无水洗车液的价值很快得到了有关部门的肯定，并顺利地通过了山东省技术监督局的质量检测。

接着，以王立亮为法人代表，注册资金50万的济南市缘沐科贸有限公司正式成立。为了防止研制的成果再次被人剽窃，王立亮为无水洗车液申报了专利，并注册了"缘沐"超洁无水洗车宝的商标。这时，已退休的舅舅也来到公司指导生产，并对无水洗车液的技术进行升级换代。

产品很快生产出来，为使产品尽快推广，王立亮在济南举办产品新闻发布会，《市场报》《中国经营报》《济南时报》等多家媒体纷纷对无水洗车液这一新型环保产品进行报道，许多人慕名来济南观摩、考察，并要求代理产品。江西南昌市一位做化妆品生意的老板，早在一年前，为了寻找新项目就特别留心过无水洗车这个项目，但一直没有成功的典型让他去实地考察。

在《中国经营报》上看到有关王立亮的报道后，他欣喜万分，第二天就动身来到济南。在公司，王立亮用"缘沐"洗车液给他做了现场擦车表演，并将产品同其他同类产品当场比较。通过两天的实地考察，他提出了做"缘沐"无水洗车宝江西省总代理的要求，双方经过商谈，达成了协议。这是王立亮公司成立后的第一个总代理商，为了体现同经销商合作的诚意，王立亮又免费赠送了仪表盘保护剂、轮胎增黑剂等多种与汽车美容有关的产品，双方皆大欢喜。

与江西南昌的愉快合作成为产品推广的良好开端，根据这一次成功合作的经验，王立亮决定以代理商的模式推广产品，并制定完善了一套经营模式，从省级总代理，延伸到市级总代理、县级总代理，在规定代理商的义务和权力的同时，公司保证各地总代理独家经营，并提供广告支持。这一运作方式很快产生了效果，继江西之后，乌鲁木齐、西安、潍坊、烟台等地代理商陆续加盟。

2000年春节一过，王立亮又推出了"加盟连锁无水洗车房"，为再就业人员提供一条新的致富之路。不管是现有洗车房或打算开办无水洗车房的投资者，只要有固定的经营场地，交纳6000元加盟管理费，便可加盟"缘沐超洁无水洗车连锁店"，获得公司赠送的相同价值的洗车宝及设备、授权书、工作服、宣传资料等，并接受公司的统一管理。这一方式深得一些小本投资者的喜爱，不到两个月，缘沐公司便在全国有了近百家连锁店。

面临全球水资源严重缺乏的困境，无水洗车必将成为一个迅速崛起的新兴行业，王立亮在这个行业已率先走出了第一步，并获得了成功。2001年，中国的许多城市加大了节约用水、限水的力度，一些城市还出台了取缔有水洗车政策。面对这一机遇，王立亮还要在全国各地设立1000家无水洗车连锁店，让更多的人投入到无水洗车的事业中来。

4. 简析

王立亮的成功，离不开一个"快"字，当他看准在洗车业务上创业者有利可图时，马上在胶南建起了洗车场。然后当无水洗车的概念刚一进入我国，他就成为吃螃蟹的第一人。快速进入，快速超越，成就了他的辉煌。

说做就做，马上见效。

如何能在短时期获得最大利益，一直是广大创业者所感兴趣的一个问题。想要达到这种境界很简单，只要实实在在做到两点：一、知道方法；二、马上去做。

这两点看似容易完成的事，事实上却是很多创业者欠缺之所在。因为大部分创业者觉得不需花费多少脑筋去思考、去考虑，就一而再，再而三地延迟事情的进行，他们觉得这两件事轻而易举，没有什么难的，甚至有时不屑一顾。所以，造成的结果就是知而不行，不能起而力行。

世界钢铁大王卡耐基曾说："不论如何去帮助那些不想上进的人，都毫无用处。除非一个人自己愿意爬梯子，否则你是没办法把他推上去的。"在我们做任何事情之前，要事先在脑中把将要处理、进行的过程想一遍；可能遭遇到的问题，每一个细节都要想象并预演过一次。

如此一来，在真正去做的时候，就会减少和避免许多无谓的困扰，进行得又快又顺序，再加上以积极的态度去完成每一个阶段的设想，踏实地做好每一步骤，想要在创业路上迅速致富自然不是个大难题。

想做就做，以最简单、迅速地态度去面对一切事情，是掌握时机的要点。因为，最恰当的时间只有那短暂的一点，它是不会等你的，只有靠你自己去争取。世界上太多事是不公平的、是不能用天平去衡量的。

或许你会认为，为什么时时刻刻都要把自己逼得死死的？马上就采取行动，不能稍微有些喘息的机会，也不要管是否合情合理，只要该做的事就去做，能达到目的才最重要。遇到阻挠要马上爬起来，说起来也没什么大不了，只有去做，且做到最好，才能有成功的一天，才能尝到甜美的果实。

看准了就立即行动是把握创业机遇中的一个关键。决定是银，行动才是金。只有行动，理想才能变为现实；只有行动，才能一步一步逼近成功；只有行动，才会有结果。

有个故事，家住广东东莞农村的兄弟两人，在城里一家制衣厂打工。几年之后，他们决定每人办一个制衣厂，兄长说干就干，马上行动起来，买来了缝纫机，请来了师傅，采购了布料，不出半个月产品就打向了市场。弟弟则行动迟缓，他故意磨磨蹭蹭，想先看看兄长干得结果如何，然后再决定行动与否。

起初，兄长办的制衣厂并不顺利，产品销路也不很畅通，弟弟暗自庆幸自己的明智。然而，经过半年多的摸爬滚打，兄长的制衣厂生意日渐兴隆。这时，弟弟后悔不迭，经过再三考虑，他也办起了一个制衣厂。但是，时机已失，市场已经饱和，只好成为兄长制衣厂的附属工厂，做一些简单的加工。

兄弟两人同时看到了机会，又几乎同时做出了相同的决定。不同的是，兄长的行动准则是说干就干，弟弟的行动准则是有了十成的把握再动手。兄长尽管没有十足的把握，但积极行动的成功概率却非常高；弟弟要有十足的把握再干，看似稳妥，这种稳妥却以失去机会作为巨大代价。我们固然反对干什么事都不管三七二十一的一味瞎干，但是我们更赞成、更支持、更强调瞅准了机会就毫不迟疑立刻行动。

抢先出手，占领市场

所谓抢先出手，就是要求创业者要先发制人，抢在竞争对手之前进入市场，占领市场。

抢先出手还要求创业者在经营谋划中或者在选择企划方案时，应该遵循围棋"宁弃数子，不失先手"的原则，在一定条件或形势下，当占领市场与获取眼前利益发生矛盾时，应该选择宁可舍弃部分眼前利益也要抢先占领市场的策略。

只有这样，才能先人一步，先发制人，抢先掌握市场竞争的主动权。因为，从长远看"有市才有利"，市场是企业生存与发展的根本。

数年前，为了加强对外商投资企业的管理，使之与国际惯例接轨，国家决定启用新的行业财务报表。可这种报表，一个企业一年只用20来张，销量很少，印刷行业几乎没利可图。这套报表种类多，涉及9个行业，又要中英文对照，加之时间紧，年底以前必须印刷出来，要干肯定是个赔本生意。

面对许多厂家都不愿干的这个买卖，北京华实标准账簿会计用品公司却主动接下这笔生意。他们认为，眼前看是不赚钱甚至还要赔钱，但是9个行业的报表由华实独家经营，就等于抢先占住了一方市场，有了市场就不愁日后不赢利。

于是，华实公司迅速安排力量，11月中旬拿到新报表样表，9个行业、100多种表的英文配写，华实的专家组两天就完成了，接着制版、印刷，总共用15天时间报表就上了营业部柜台。

到了12月初，正当外商投资企业为新式财务报表而发愁之际，华实公司主动与它们联系解难，各家外资企业纷纷前来华实营业部购买财务报表。

"独此一家，别无分店"，一时间华实公司的生意格外红火。最后一算，虽然9个行业的报表仅仅保本没利，但重要的是许多企业从此成了华实公司的新客户，华实公司先手占领了一方市场，带动了公司整体效益的剧增。

捕捉商机，贵在神速

培根曾感慨地说："机遇先把前额的头发给你捉，而你捉不住之后，就把秃头给你捉了；或者至少它先把瓶子的把儿给你拿，如果你不拿，它就要把瓶子滚圆的身子给你，而那是很难握住的。"一句话，商机捕捉贵在神速。

1. 速可得，坐必失

机遇，速可得，坐必失。

中国早就有句古语，叫作"机不可失，时不再来"。时间有其独自的特性：一是无法返回；二是无法积蓄；三是无法取代；四是无法失而复得。机遇离不开时间，时间就是机遇的生命。

要想把握机遇，就不但要努力学习揭示客观规律的科学知识，着重认识事物发展的必然规律，而且要有一种锲而不舍、雷厉风行、只争朝夕的精神，绝不能四平八稳"一慢二看三通过"，坐失良机。

怎样才能抓住机遇呢？还是培根说得好："最好把一切大事的起始交给百眼的阿加斯，而把终结交给百手的布瑞阿瑞欧斯！"就是说，让百眼巨人阿加斯担任注视机会开始的职务，以便敏锐地识别机遇，积极地寻找机遇；让百手巨人布瑞阿瑞欧斯100只手去抓住机遇，以便能准确地利用机遇，迅速地得到机遇。要抓住机遇，首先要善于观察。

达尔文的儿子在谈到他父亲时这样说道："当一种例外情况非常引人注

目并屡次出现时，人人都会注意到它。但是他（达尔文）却具有一种捕捉例外情况的特殊天性。很多人在遇到表面上微不足道又与当前研究没有关系的事情时，几乎不自觉地以一种未经认真考虑的解释将它忽略过去。

这种解释其实算不上什么解释。正是这些事情，他抓住了并以此作为起点。"当然，抓住机遇，比认识机遇更重要。在伦琴发现X射线以前，英国科学家克鲁克斯、德国科学家雷纳特以及其他一些德国和美国的物理学家，都曾看到存放在阳极射线管附近的照相底版被感光了，但他们都没有像伦琴那样认真地抓住不放，从而失去了发现X射线的机遇。世界上经常充满这种机遇，可惜伽伐尼和伦琴太少。

这就是说，伽伐尼和伦琴的功绩不在于他们看到什么现象，而是在于他们对这种现象抓住不放，因而抓住了机遇，登上了成功的台阶。

时机问题，既是机遇问题，又是速度问题，抓时机要快，特别在当今社会，因其社会化大生产所具有的整体性、复杂性、竞争性和多变性的特点，更要求有志于成功者要有机遇观念、速度观念。

同一科学研究，你起步晚了，人家就抢先成功了；同一个发明，你生产慢了，人家就抢在前面大量生产了；同一个市场，人不占领，别人就独霸了。竞争是空前激烈的，据说在日本的那些知名企业里，每五秒至一分钟就可获得世界各地市场行情的变动情况，而企业家面对每时每刻都在变化的市场，错过一分一秒就可能失败。

时机在时间的演进中产生，又在时间的变化中消失，抓住了时间便是抓住了机遇，捕捉商机贵在迅速。

2. 让机遇偏爱你

多年以前，在美国底特律一个春天的傍晚，有一个青年进入底特律的克利夫兰轮船公司的行李房内，向一个身为行李房经理的爱尔兰人自告奋勇要求帮忙，以至弄得那个爱尔兰人莫名其妙。

那爱尔兰人说："你说你要帮助我，但不要钱？"

他笑着答道："我是新来的导游，我是来看看这条航线的行李是怎样处理的。"

"但是，伙计！"那个爱尔兰人更觉得惊讶地说，"现在已过7点，你下班的时候应该是5点半，而公司方面在上班外的时间是不会给你钱的，无论你把手弄得怎样脏。"

"噢！那不要紧。"那年轻人说，"现在的事是我自己想做的。我现在是想除了与乘客接洽之外，再学一点别的东西，而你这里就是一个开始学习的好地方。"

"那么，如果你一定要帮助我，你就来帮我吧！"那爱尔兰人最后说，"不过我觉得恐怕你是太寂寞了。像这样好的春天的晚上，大多数的年轻人都想出去玩玩的。"

但是这位年轻人并不寂寞。这就是他如何努力学习，最后升为底特律的克利夫兰航海公司总经理的原因。他就是湘兹。

做这样额外的工作，必须是以一种热忱而有趣的精神去做，而后才会有成效。如果是以埋怨的态度去做，或是专门想引起同事或上司的注意，博取他们的同情心或称赞，那么工作就不会有什么成效。成功的人并不是希望获得称赞，而是因为工作本身有趣才这么去做的。对待工作的态度比工作本身还要重要。

美国前总统罗斯福是一个精力充沛的人，他也是用这种竞争的方法使自己尽力做事，不过他是自己安排与他人的竞争，然后拟定一个计划表，规定自己在某段时间内做某事。如此，他便按时做各项事。从他的办公日程表可以看出，从他上午9点钟与他的夫人在白宫草地上散步起，至晚上招待客人吃饭为止，总是有很多事去做的。

细心计划自己的工作，这便是罗斯福之所以办事有力的秘诀。每当一项工作来时，他便先计划需要多少时间，然后安排在他的日程表里。他既然能够把重要的事很早地安排在他办事的程序表里，所以他也就每天都能够把许多事在预定的时间之前做完。

那些做事无计划的人，对于一件重要的工作，直到最后一分钟还没有做好充分的准备。至于罗斯福，譬如有人请他演讲或写文章，早在日期未到之前的2～3个月，甚至6个月，他便开始准备了。他的这种办事态度使他能统筹安排，办事效率极高。

不论你做的事是多是少，都要拟定一个程序表，尽力按照计划表去做。如果你的工作只需一小时完成，便力争在一小时之内完成，其余的时间便去玩耍。本来只要一小时的事，却花一天的时间才做完，实在是愚蠢。如果你的事太多，时间不够，则选择最重要的去做，把不重要的删去，而且应该在事先把不重要的删去。

所谓因工作过度而给工作带来困难，其真正原因是因为没有计划，没有统筹规划。那些毫无规律地工作的人，虽然整天也忙忙碌碌，但是他们的工作效率极低，经常是捡了芝麻丢了西瓜。要想得到机遇的偏爱，做事必须有条理，要能把自己主要的精力放到最重要的事上。

发现机会，果断决策

亿万富翁李晓华也堪称果断把握时机的典型人物。

李晓华的个人财富来自他发现机遇的敏锐与抓住机遇的果断，他的创业史清晰地记载了他过人的胆识与魅力。

1985年，出国留学尚未成风，李晓华一个在日本的朋友邀请他去日本深造，并帮他办好了去日本东京国际学院留学的一切手续。

一个偶然的机会，李晓华从报上看到一条并不显眼的有关中国北京赵章光发明"101毛发再生精"的报道。他敏锐地感到机会来了，立即返回国内。

数日后，北京101毛发再生精厂门前来了位中年汉子，说是要买"101"，但门卫告诉他："一年以后再来吧。"

第二天，这汉子来到了"101"毛发再生精厂。虽被门卫放了进去，但在销售科依然被告知："一年以后再来吧。"

第三天，一辆当时京城尚不多见的新款奔驰280直驶进"101"厂大门——"海外华侨李晓华先生慕名来访"。

于是，西装革履的李晓华被礼貌地让进会客室。谈不多时，李晓华了解到"101"厂职工上下班和领导班子公务活动缺少交通工具，他便提出愿意帮助解决，捐赠一辆客车和一辆小轿车，协议达成了，交接日期在一个月后。

而就在此后一月之间，在日本和香港等地，"101毛发再生精"在各种媒体的"爆炒"下，名声大振，价格一路上涨。

交接日的前一天，李晓华又冒了出来，他给"101毛发再生精"厂打来电话，问"明天的事准备得怎么样了？"

"明天的事？"对方半天才反应过来……

第二天上午，一辆崭新的尼桑大客车紧随李晓华的奔驰280开进了"101"厂——总价值在百万元以上。

"李先生绝对够朋友！"从此，李晓华与"101"厂结成好伙伴，并成为"101"毛发再生精在日本的经销代理商。

"101"为他带来了丰厚的利润。两年工夫，他已经是千万富翁了。

同样是一个偶然的机会，在日本的李晓华得知马来西亚正在筹建一条高等级公路，对外公开招标。这个国家的政策十分优惠，但没有人愿意干，因为这段公路不太长，车流量也不很大。

李晓华赴该国考察时得到一个信息：离公路不远的地方发现了一个大油气田，储藏量十分丰富，因为最后确认工作还没完成，这条重大新闻在该国还没有正式公布。

如果油气田正式开采，这条公路的车流量可想而知，而该地区发现了大油气田的消息一发布，这块地皮的价值将呈直线上升……

"干！"经过周密的筹划，李晓华下定决心。他拿出全部的资金，又以房子等财产抵押从银行贷了款，以3000万美元拿下了这个项目。可是，贷款还不上，李晓华就得跳楼。

抵押完后，手里没钱了，经常吃盒饭、方便面；业务往返坐飞机经济舱；在香港，"的士"也不敢打了，坐6毛钱的"当当车"。更严重的是精神上的压力与折磨，每天盼望新闻发布盼得人发呆、眼发直。

半年是6个月，可是到了5个月头上，还没有动静。李晓华开始有些沉不住气了，每天什么都不干，就等着。人的精神接近于崩溃，甚至开始考虑"后事了"……

到了5个月零16天时——消息终于公布了！李晓华从报上看到新闻的标题，紧闭双眼，一下子坐在沙发上，过了好半天后才睁开眼继续读下去……

当天，他投标的项目的市值即翻了一番！

从日本打出了一片天地后，李晓华的野心就又大起来了。他看到了世界经济的中心所在地，并不是那块弹丸之地。于是他又想着转移战场了。

这就是李晓华为什么能够取胜并且总是不满足的原因。他已觉得自己正站在世界经济的大舞台上，他必须也能够跻身国际经济的风口浪尖。此时此刻，他的境界已远非当年那个"京城大款"所能比拟的。

他决定离开日本，南下香港安营扎寨，到那个自由贸易中心去闯荡一番，因为他已经确信："日本已不是世界贸易的中心"。

1988年年底，李晓华来到世界贸易中心香港。他在香港设立了华达投资（集团）公司，亲任董事长，并在欧洲、美洲、亚洲、拉丁美洲设立了数十家分公司，投资香港房地产、日本进出口贸易、马来西亚公路建设、阿根廷的鱼粉加工、秘鲁和新加坡的旅游业……

在内地北京、天津、东北的吉林等地设有10余家三资企业。在内地投资总额这时已达1000多万美元。这其中有北京华达保洁用品有限公司、北京华达卫生保健品有限公司、北京企东电器有限公司、北京华达玩具有限公司；在天津有经营国际贸易、代办仓储运输业务的天津华昌国际贸易有限公司；在山东青岛琴达机械有限公司、青岛神泉矿泉水有限公司；在吉林办有长春企东实业公司等。这些企业部分产品已销往国外，为国家、为企业创造了社会效益和经济效益。

1989年夏天，一些海内外人士吃不准中国的未来局势，许多香港房地产巨头对房地产的形势估计十分悲观，地价大跌。

李晓华一直关注内地的形势，相信中国的政治经济形势一定会向好的方向发展。他看准时机，抓住了最佳机遇，再次投入大量资金收购"楼花"。不出半年，形势果然发生变化：中国局势稳定，改革开放的政策不变，中国政府对香港"一国两制"方针不变，并十分关心香港的经济繁荣。许多移民加拿大的香港居民又开始返回香港……香港房地产价格骤然上升，"楼花"迅速升值。

李晓华见好就收，全部抛出，又大赚一笔！

机遇人人会有。把握时机，果敢决策，则是一个成功的生意人应有的素质。世界上许多商战案例都表明，胜败之间，往往只是抢先一步或落后一步那么一点之差而已。

加重行动的连锁性

如拳王阿里出手的连环拳一样，招招相接，式式相扣，将对手打得不辨东西。

有一家推销机构的经理向拿破仑·希尔解释,他如何训练推销员以自动反应的方式工作,获得很大成功。

"每一个推销员都知道,挨家挨户推销时心理压力很大。"他说,"早上进行第一次拜访尤其困难。即使是资深推销员也有这种困扰。"他知道每天多少都会遇到一点难堪,但是仍旧有机会争取到不少生意。所以,他认为早上晚一点出去推销没有什么关系。他可以喝几杯咖啡,在客户家附近徘徊一下或做点其他事,来拖延对客户的第一次拜访。

"我用自动反应的方式训练新人。我对他们解释,开始推销工作的唯一方法就是立刻开始推销。不要犹豫不决,不要顾东顾西,不要拖拖拉拉。应该这么做:把汽车停好,拿着你的样品直接走到客户门口按门铃,微笑地对客户说'早安',并开始推销。这些都必须像条件反射一样自动进行,根本用不着多想。这样你的工作很快就可以活起来。在第二次或第三次拜访时,就可以驾轻就熟,你的成绩也会很好。"

有一个幽默大师曾说:"每天最大的困难是离开温暖的被窝走到冰冷的房间。"他说得不错,当你躺在床上认为起床是件不愉快的事时,它就真的变成一件困难的事了,即使这么简单的起床动作,也就是把棉被掀开,同时把脚伸到地上的自动反应,都可以击退你的恐惧。

大凡成功人士做事都是干净利落,绝不会拖拖拉拉,因为那样只能误事。加快行动的连锁性才能够促使你成功。

"快"也有前提

值得一提的是,创业者在商业运作中不能盲目求快。盲目求快,到头来只怕是亏损得更快。创业者讲究的"快"是有前提的。

1. 对生意兴旺的同行作实地考察

以疑问的眼光和学习的精神去打量那些生意兴隆的店铺，去仔细分析它的优点在哪里。俗话说：他山之石，可以攻玉，便是这个道理。

如店铺特别精致，或是价格较公道，或是所在地理位置优越，或是服务周到，或是店堂设计特殊、气氛和谐，或是技术超群，诸如此类都在观察之列。此外，店铺的内外装潢、陈设方式、价格水平、待客之道、广告宣传手法等，有待学习的地方很多。这些都需要自己实地考察，亲身体验，才能取长补短，运用在自己的经营上，否则成功的希望极为渺茫。

多和那些成功的生意人接触，利用空闲休息时间，与商店负责人聊天，请教生意兴隆的秘诀，或请他们协助支援。这方面的工作也相当需要。在某些行业中，有些厂商、批发商都非常愿意发展连锁销售店，这在各行业都极为普遍。你若有意的话，不妨找总经销处试试看，也不失为好办法。

2. 定期派人"侦察敌情"

《孙子兵法》中云："知己知彼，百战不殆。"最近生意不好，到底是全国性的经济萧条呢，还是生意被"商敌"抢去了呢？定期派人侦察"敌情"的工作，可以消除你的疑虑。

首先，尽力收集"商敌"发出的宣传单，详细阅读，仔细研究，那里头可能有关于"商敌"的货色、价格的情报。不要走马看花，要仔细研究，并且保存下来作为档案，以便观察"商敌"的发展趋向。

其次，便是实地观察，你可以派你的属下等借上他们店买东西的机会，特意侦察"敌情"。他们店里现在有什么新货色、新价格、新陈列，尽量在很短的时间内了解到。

再次，就是从顾客口中获取资料。所谓不怕不识货，只怕货比货。顾客喜欢哪家店，不喜欢哪家店，一般都是经过比较的。因此，顾客的"口碑"是重要的情报来源。结交几个常客做朋友，泡杯清茶，聊聊天，就是不出门也可了解"敌情"。

因此和"商敌"竞争，掩耳闭目，闭门造车，徒然令"商敌"窃笑而已。情报工作虽然令人讨厌，但对做生意的人来说却是十分必要的。

3. 欢迎批评意见

当然，你不一定需要那种不公正的、恶意的、出于嫉妒的批评，但是，你必须欢迎建设性的批评且以批评改进自己的工作。如果你向顾客、亲戚、朋友及一切交往者发出的信息都显示：你所感兴趣的无非是正面的称赞，那么当然会得到这种称赞，然而你多半同时也会成为一个失败者。

奉承话自然非常好听，但是如果没有批评，那你就不会取得进步和发展。难道你如此脆弱，以至经受不起半点批评？要知道，以一个脆弱的自我，要想建立一个成功的企业是十分困难的。

有一家公司老板印刷和推销一份快讯。他在快讯的结尾外框加了一处花边，要求读者指出快讯的不足之处。他收到了好几份批评。其中有一份促使他做了一点变革，从而取得了数目可观的收入。引起他们进行变革的批评原意是："你的快讯好像中学油印机上印出来的东西。"

这位老板是个很认真的人，他一直认为：只要他拿出的是有价值的信息，那么他的出版物是否显得漂亮并非至关重要。然而，他还是认真考虑了快讯不够美观的问题，并随即改用激光打印机打印资料。

由于他接受了批评，并做出了切实的改进，他的快讯订户数目增加了，而且几个公司还破天荒地在上面登了广告。不管怎样，正是由于他愿意倾听建设性意见，并循此办理，因此他就能做出某些有价值的变革，业务方面也自然能蒸蒸日上了。

4. 信息要准确、及时、有用

准确及时和有用是经商信息的衡量标准，它要求人们对商业情况做出及时和准确的判断，并由此形成一套科学化的情报处理法则。关于信息的收集与应用，我们在本书将重点谈及，在此不多着墨。

第三招

9 招 走 出 创 业 困 局

　　李嘉诚认为，只要一个人有胆量，敢于闯，同样可以成为亿万富翁。对每个有志于创业致富的人来说，一个非常重要的前提就是自己要有足够的胆量。

　　在市场经济的猛烈冲击下，很多人都在寻找致富之路，从机关干部到工人，从大学教授到售货员，从博士到农民，各个行业、各个阶层的人士纷纷都在考虑致富，研究致富。但也有人谈"下岗"色变，一想到失业便会失去知觉，总想老老实实保住自己那点可怜的东西。

　　这种平庸短浅的见识，遏制了他们拼搏向上的精神力量，使他们本来可以发挥得淋漓尽致的才能被轻易否定和抹杀，断送了他们本来可以创造出的光明前途。

　　越想保住既得利益而不敢进取的人，就越发不了财，赚不到钱；天天垂头丧气的人，根本不可能致富。走路抬头挺胸，个性豪爽，敢冒风雨，披荆斩棘，才是财神爷的宠儿。因为性格乐观、甘冒风险是干好所有事情的基础。

　　独木桥的那一边是美丽丰硕的果园，自信的人大胆地走过去，摘到甘甜的果实；缺乏自信的人却在原地犹豫：我能过得去吗？——而果实，都被大胆行动的人采走了。

高收入意味着高风险

大多数白手起家的百万富翁有个共同点，他们有勇气，敢想敢干敢冒险。

个人资产超过36亿元人民币的新疆首富孙广信，在他27岁开始创业时，身上仅有3000元，那是他全部的复员费。

27岁，是这个亿万富翁人生的转折点。在此之前的孙广信，经历看起来似乎很平常。

1962年，他出生在新疆乌鲁木齐一个多民族的大杂院里。父亲是当年从山东走西口"盲流"到新疆的鞋匠。家中兄妹5人，除他之外，连个高中毕业生都没有。高考未果的他，去了部队，并考上了军校，成了家中唯一有干部身份的人。27岁复员，他开始了自己的商业旅程。

1989年，孙广信开始用行动在商场书写今天被称为"西部神话"的财富故事。起初是替别人推销推土机。

他主动找上门去，以个体户的名义要替内地的一个厂推销推土机。"卖一台，给我1%的手续费；卖不掉分文不取。"一出门就是20多天，睡9角钱一晚的大通铺，10个月走了10多万公里，卖出103台。这是该厂家在新疆10年的总销售量。

初战告捷，给了孙广信极大鼓舞。按常人的思维，他一定会继续从事原来的工作，但孙广信却认为，推土机的市场毕竟有限，不利于自己未来的发展。于是，第二年，年仅28岁的孙广信辞去了推土机的推销工作，以67万元盘下了乌鲁木齐倒闭的"广东酒家"，经营当时鲜见的粤菜。

有人认为他的行为难以理解，有人认为他的举动过于冒失，但富有冒险精神的孙广信不仅以口味正宗的粤菜成为乌鲁木齐餐饮业大王，而且他把这个酒家变成了交流商业信息的中心。孙广信说："当时有人花4000元请一桌，我分析，花这么多钱请客的，起码要赚4万元。请客的，吃饭的，到底有什么来头？"

具有敏锐洞察力的他从顾客那里捕捉到了石油设备贸易的商机，于是他又转战进出口贸易。仅1992年，他们17个人的公司就进口成交8700万美元，占当年新疆进出口贸易额的1/6。这年，他30岁。

第二年，他又发现，房地产业将是中国经济的一个新的增长点，于是他在别人还举棋不定的时候，投身进入了房地产业，盖出了当时乌鲁木齐最高的写字楼"广汇大厦"。38岁时，他旗下的"广汇石材"在上交所上市。现在，乌鲁木齐每7套商品房中就有4套是由他的广汇公司开发的。

而他自己财富的50%来自房地产。孙广信最新运作的项目是把新疆天然气液化后运到华东地区销售。"要干就要干第一"，这就是孙广信成功致富的信条！

想要创业致富就得敢想敢干！许多人也想致富，也能敏锐地发现致富的机会，但就是不敢行动，畏首畏尾，害怕风险，结果一个个致富的机会从他们身边溜走。对于经商而言，不敢冒险实际上是最大的风险。

1985年5月，深圳发展银行以自由入股的方式，首次向社会发售人民币普通股79.5万股。人们对此抱有什么态度呢？按香港《信报》的说法，是"极为麻木""观望者居多，投入者寥寥。"大多数人抱着怀疑、观望的态度，发行部门甚至把股票送上门也没有人认购。由于购买者屈指可数，结果花了几个月时间，也仅完成发行计划的5%。

在经济高度发展的深圳，素以经济头脑和市场意识超前于全国的"深圳人"，最初竟然也把股票错看成变相债券，认为发行股票是要向市民们"转嫁"政府或企业的经济危机。因此，他们面对政府与新闻媒体的大肆宣传充耳不闻，以沉默与冷淡，对待着这次中国发展史上罕见的一次致富（更准确地说是暴富）的机会。

1988年上半年，发展银行第二次发行股票时，还是门可罗雀；年底，"万科"股票上市时，竟有150万股受人冷落，只好由承包销售股票的证券公司全部包下来。

应了美国沙普林博士的话，给予中国人致富的第三次机遇——股票金融从天而降。令人惋惜的是，在这次有史以来最大的一次致富机遇面前，绝大多数人反应迟钝，白白失去了千载难逢的好机会。而极少数有胆识、有远见、有魄力的人，在这次机遇里迅速完成了资本裂变阶段而成为现代富豪。

据说，1987年买发展银行股票最多的是一位貌不惊人、"浑身上下不过二三十元"的老者，他好像漫不经心地一举认购了8万元证券公司推销不出去的股票。文章作者给这位老者算了一笔账：估计到1990年5月，只要这位老者未抛出股票，加上数次分息和优先认股，便可不费举手之劳就能身价倍增，起码市值人民币300万元以上……然而，过了没有多久，有人再次给这位老者算账时发现，他手中股票的实际市价已达600万元以上。

美国的百万富翁寥寥无几，因为只有18%的家庭的一家之主是自己开公司的老板或专业人士。美国是自由企业经济的中心，自行创业却这么少？为什么许多很聪明又接受过很好教育的人不去想方设法谋求一个高薪水的工作？

许多人都承认自己也问过同样的问题，也明白这是影响他们成为富豪的重要原因，然而却很少有人去改变这种状况，主要原因是他们缺乏勇气，缺乏冒险精神。希尔博士在他的书中写道："我对2.5万个男女的失败作出过分析，发觉这些人的失败有31个主要因素，而'缺乏决心'是主要原因。"

希尔博士所指的决心就是决策力、决断力、果敢判断、"孤注一掷"的精神，也就是我们经常所说的魄力；与之相反的则是拖延，是举棋不定、优柔寡断、"不敢下注"的心态。

希尔博士说："在分析过数百个富豪的性格之后，我发觉一个事实：他们每一个都有果断下决心的习惯；如果他们决定了的事需要改变，他们会缓缓地改变。相反，无法聚存金钱的人，几乎没有例外，全部都需要很长的时间才能决定一件事，而且时常迅速地变更决定了的事情。"

敢冒常人不敢冒之险，敢做常人不敢做的事，这就是多数致富的人必备的魄力！

"胆商"你有吗

2002年3月，为了在西安召开的"2002年春季糖酒会"上为家乡打造"中国最大白酒原酒基地"声势，四川省邛崃市的29家酒类、食品企业，集体包下了一架西南航空公司的波音757飞机。

包机卖酒的轰动效应，使得邛崃酒在糖酒会上十分抢眼，销售量不断飙升。

专机抵达西安的当天，就有河南的一个商家找到邛崃酒老板们，经过不到2小时的谈判就签下了数额高达4000万元的销售合同。

糖酒会落幕的当天，山东临沂的一个老板专程赶往邛崃，在实地考察以后与邛崃酒企业签下了2000万元的合同。

花费了不到10万元的包机费，竟然取得了11亿元的销售额，令这些老板们喜出望外。

这个例子说明，成功有时候并不需要多少复杂的技巧，只要一些胆量就行了。

前几年关于"智商""情商"的话题不少，而最近一两年来在上海出现了招聘人才衡量"胆商"的新景象。

什么叫"胆商"？说白了就是不问你的学历高低、经历如何，只要你的胆识超群，就会受到人们的强烈兴趣。

2002年5月22日，被称为"猎头航母"的上海人才有限公司，在向全球招聘培训师的招聘广告上就这样写着："不管你是否有愤世嫉俗的个性，不忌讳你由于喜欢挑战和冒险有过坎坷经历。只要你离经叛道的个性有着真知灼见的思想和异想天开的胆识。"

初看起来这样的招聘条件十分"宽松"：居然不看学历、年龄、履历、国籍、性别，而且对你曾经拥有过的"光环"也不感兴趣，反而欣赏你离经叛道的个性，这与2002年夏天的畅销读物《我的野蛮女友》简直如出一辙，越是"野蛮"越有人喜欢，真有些不可思议。

对此，上海人才有限公司总经理张伟骏解释道，长期以来几乎每家单位的招聘程序都十分传统：先看应聘者的学历、履历，人为地给自己设置一道门槛，再在门槛内进行挑选，这样就把许多有胆识和发展潜能的人才挡在了门外。"上海人才"作为猎头的排头兵，意在倡导一种新的招聘理念，因为很多事情只怕不敢做、不怕做不到。

其实，在外资企业的招聘过程中，学历等方面的要求早就已经越来越被看轻，他们更看重的是人才的"三商"，即智商、情商和胆商。

正如中欧国际工商学院执行院长刘吉所说的那样："胆商"就是胆略，有商战的胆略。敢于抓住机会，该出手时就出手。

有志于创业的同胞们，你从中感悟到了什么吗？

果断力是创业者必备的素质之一

在事业上为了获致成功，并没有什么十全十美的方式，如果要说有的话，从拼图游戏的经验中，被证明为众所周知的基本原则也只有二三条，其中具有果断力就是其中之一。做最终决定的是你，在你自己做决定的时候，对事实的认识也是需具备的能力之一。

可是，即使具备了这两种能力，并非就能处理任何的问题。做决定时，经常是要当机立断，决定是否接受挑战。面对愈大的挑战，机会就愈大，事实上，有很多这种机会，常常在过于犹豫不决的人的眼前丧失掉了。

将事情发展的情况做有组织的整理，仍无法导出有建设性的结论，于是以忧虑、焦躁不安来打发时间的人，也一样会丧失很多机会。

所谓从商做生意，即意味着做决定、试图出新点子、下赌注、掌握机会、获取胜利，甚至是输掉、失败等事宜。

任何一个优胜者，并不是一定每场必胜，只是战胜的情况居多而已。然而，时常恐惧失败，连去尝试迎战都不敢的话，那么制胜的机会就不可能到手了。做生意也是相同的道理。只有在不畏艰难迈出像婴儿的一小步之后，为了胜利的目标才能无所畏惧地跨出像巨人的一大步。

欠缺果断力的另一个原因，是完全处在一种怠惰的状况，你在做一个有效的决定时，却没有耐心去花较长的时间做收集信息的工作。

收集足够的事实是发挥果断力的必备前提。

将所有的事实收集后，在每一项目上加上"＋"或"－"的记号，再准备一张白纸和一支笔，在纸的正中央画一条纵线，一半将它当作正面栏，另一半则当作负面栏。对这两栏的各项因素很谨慎地加以评估，然后再在各项因素旁边做1～20分的评分，接着统计正、负两栏的数值。

如果一栏的得分数比另一栏的得分数领先很多的话，那么你应该下决定的方向就很清楚了；如有相反的想法的话，则整个计划重新构思、再评估的必要性也很明确。

如果两栏的评分数相差不大的话，凭过去的经验，就只有委托给你的运气来决定了。不过，在所有的预备工作结束之际，一定要针对问题来探讨，直到找出最后的结论来。在提出结论之前，或者在提出之后，被不安所驱使而焦虑的时间，最好连一瞬间也不要存在。当下决定的时候，就是忧虑的终止。毅然决定是人生的强心剂。一旦下定决心的话，就不要再轻易改变主意，牵肠挂肚，忧虑不安只会导致恶果，这是一些身经百战的领袖们的信条。

当然在做了决定后，唯恐失败是屡次出现优柔寡断的主要原因。不过，好不容易有了机会，经过你办公室的窗前而不入，却飞回竞争对手的手中；与其这样默默地看着机遇飞走，还不如尝试比较好。

况且，以消极的态度做事，是很难赚到大钱的。而且有类似动摇不定、踌躇不前倾向的人，在事业上也很难有大的建树。

培养敢于冒险的能力

许多有抱负、有才华、有干劲的人太着重于工作的完美无缺，以致成功者甚少。有这样一位教授，她为研究某剧作家整整花了10年时间，生怕遗漏了什么，以致迟迟不能将手稿交付出版。然而，就在这段时期里，那位当年名噪一时的剧作家在公众眼里已成为明日黄花了。这样，即使这位教授的研究成果日后如愿以偿出版，又能引起多少人的兴趣呢？

《感觉良好：形式情绪疗法》的作者、美国精神家戴维·C.伯恩斯，在对一家大保险公司的69名高级管理人员测验时发现，那些常孜孜不倦以求把工作做得完美无缺的人，比没有这种倾向的人每年要少挣8000～10000美元。

这个结果反过来证明了心理学家的发现：绩效卓著的人，几乎从不受工作完美无缺之限制，他们从不把犯错误看成失败，相反，他们从中吸取教训，以便使今后的工作更为出色，这使得他们更能适应环境。

冒风险需要一定的胆量和激情。大部分人停留在所谓"安全圈"内，无意于进行任何形式的冒险，即使这种生活过得庸庸碌碌、死水一潭也不在乎。有这样一位女高音歌剧演员，天生一副好嗓子，演技也非同一般，然而演来演去却尽演些最末等的角色。

"我不想负主要演员之责，"她说，"让整个晚会的成败压在我的身上，观众们屏声息气地倾听我吐出的每一个音符。"其实这并非因为胆小，她只是不愿意认真地想一想：如果真的失败了，可能出现什么情况，应采取什么样的补救办法。卓有绩效的人则不然，由于对应变策略——失败后究竟用什么方式挽救局势早已成竹在胸，他们敢于冒各种风险。

一位公司总经理说："每当我采取某个重大行动的时候，就会先给自己构思一份'惨败报告'，设想这样做可能带来的最坏结果，然后问问自己：'到那种地步，我还能生存吗？'大多数情况下，回答是肯定的，否则我就放弃这次冒险。"心理学家认为，作最坏的打算，有助于你做出理智的抉择。

如果因为害怕失败而坐守终日，甚至不愿抓住眼前的机会，那就根本无选择可言，更谈不上什么绩效和成功。因此，当环境稍加变化的时候，他们就会显得手足无措。

那么，怎样才能培养敢于冒险的能力呢？

（1）积极尝试新事物

在生活中，由于无聊、重复、单调而产生的寂寞会逐渐腐蚀人的心灵。相反，消除那些单调的常规因素倒会使你避免精神崩溃。积极尝试新事物，能使一蹶不振、灰心失望的人重新恢复生活的勇气，重新把握住生活的主动权。

（2）尝试做一些自己不喜欢做的事

屈从于他人意愿和一些刻板的清规戒律，已成为缺乏自信者的习惯，以至于他们误以为自己生来就喜欢某些东西，而不喜欢另一些东西。应该认识到，之所以每天都在重复自己，是由于懦弱和没有主见才养成的恶习。如果你尝试做一些自己原来不喜欢做的事，你会品尝到一种全新的乐趣，从而从老习惯中慢慢摆脱出来。

（3）不要总是定计划

缺乏自信的人相应地缺乏安全感，凡事希望稳妥保险。然而人的一生是根本无法定出所谓的清晰计划，因为有许多偶然的因素在发生作用。有条有理并不能给人带来幸福，生活的火花往往是在偶然的机遇和奇特的感觉中迸发出来的，只有欣赏并努力捕捉这些转瞬即逝的火花，生活才会变得生气勃勃，富有活力。

积极尝试新事物，也就是要冒一些小小的风险。冒险应该算是人类生活的基本内容之一。没有冒险精神，体会不到冒险本身对生活的意义，就享受不到成功的乐趣，也就无法培养和提高人的自信心。自信在本质上是成功的积累。因此，瞻前顾后、惊慌失措、力图避免冒险无疑会使我们的自信丧失殆尽，更不用指望幸福快乐会慷慨降临了。

所谓的冒险，并不仅仅是指征服自然，跨入未知的土地、海洋及宇宙。在人类社会，你会和种种不合理的习惯势力、陈规陋习狭路相逢，如果你坚持按照自己的意见行事，那么你就在很大程度上冒了风险。甚至你想要小小改变一下自己的生活方式，同样也在冒险之列。关键是看你是否敢于试一试，是否能够把自己的想法贯彻到底。

假如生活中未知的领域能够引起你的激情，并使你做好"试一试"的心理准备；假如人生真的如同一场牌局，而你又能够坚持把牌打下去，不是中途退场的话，那么，每克服一个困难，你就增添了一分自信。

不把两只脚踏在水里试深浅

善于冒险的创业者，绝不是说一定要把两只脚一起踏到水里试探水的深浅。非洲有句俗语说："只有傻瓜才会同时用两只脚去探测水深。"同样地，只有笨蛋才会在没有投资经验时就孤注一掷。

对于不熟悉的投资机会，不要一开始就"倾巢而出"，还是以"试"为宜。高明的将领不会让自己的主力军队暴露在不了解情况的危险下，但是为了获得敌情，取得先机，他们会派出小型的侦察部队深入战区，设法找出风险最小、效果最大的攻击策略。

创业的冒险策略亦是如此，在不熟悉的投资或状况不明、没有把握的情况下，切忌"倾巢而出"，此时以"小"为宜，利用小钱去取得经验、去熟悉情况，待经验老到、状况有把握时，再投入大钱。

俗语说得好，"万事开头难"，克服恐惧的最佳良方就是直接去做你觉得害怕的事。冒险既然是投资致富中不可或缺的一部分，就不要极力逃避，先从小的投资做起，锻炼自己承担风险的胆识。有了经验之后，恐惧的感觉会逐渐消除，在循序渐进地克服小恐惧之后，你可以去面对更大的风险。很快你将发现，由冒险精神带给你的历练，正协助你一步一步接近梦想。

不要冒非法经营的险

赚钱要注重低成本的投入，这个动机无可置疑。但还需要知道商品市场的旺销与否，并不是仅凭着消费者的购买力就可以说话的，消费者有消费者的选择，他们有对商品质量的基本认知力。

从商业决策上看，制造、贩卖劣质商品是一种冒险，用好商品理直气壮地参加竞争也是一种冒险。这两种冒险同样都有"险"，前者一旦东窗事发，自然要倾家荡产，身败名裂；而后者则可以重整旗鼓，卷土重来。这两种相比，哪一项上算？答案不辩自明。

如今消费者的自我保护意识正在日臻完善，而且屡遭造假者戏弄后也学精了，君不见盗版软件如此萧条，假酒假药无人问津。只有一样假的东西还受欢迎——假发，如果你真愿意做假，那么做假发去吧。你兜售假货，所冒的风险系数也要随之加大，这样一来，你所要付出的代价也要随之增长，即使你暂时可以赚来不法之钱，但这钱你又能保多久？

为了经商，险是值得冒的，但制假售假之险千万别去冒，其后果是得不偿失。

"3·15"消费者权益活动在中央电视台已演变成一个全年性的常规栏目，也说明这种造假行为不但没有随着打击力度的加大和经济的发展而有所收敛，反而仍在蔓延。靠社会和法律的力量去遏制非法经营实在必要。而作为创业者本身应该树立怎样的经营理念，应该在市场中如何抵制利欲的诱惑，做到守法经营，正道生财？同样值得思考。

是否只有靠非法经营才能生存？只有靠生产假冒伪劣产品才能赚大钱？只有靠偷税漏税才能保证利润？答案是否定的。靠这种手段虽可一时获利，但绝不能最终获利，势必受到惩罚，而殃及自身。其次，讲求社会责任是否就会降低一个公司的经济效益？答案也是否定的。

大部分的研究表明，企业承担社会责任往往与经济效益存在一种正相关关系。尽管可能在短期内没有看到直线上升的财务指数，但从长远看，可以有助于树立企业形象，提高企业信誉，吸引有才干的员工，获得社会和政府更多的支持。因此，创业者守法经营，愿意承担社会责任，最终受益的是企业本身，是企业的长远健康发展的目标。这就是主观为他人，客观为自己的结果。

破局

第四招

9 招 走 出 创 业 困 局

心

细

内行看热闹，外行看门道。在许多创造了大量财富、看似快而险的创业决策背后，其实都少不了"心细"这个字眼。"心细"是创业者"胆大"的保证，没有"心细"，胆大者的大厦终究是建造在沙滩之上。

想到别人还没有想到的

一个经营汽车旅馆的日本人说："引起我经营汽车旅馆的动机，是因为当时日本还没有正式的汽车旅馆。赚钱本身是一种创意，如果步他人后尘，从事他人已经在做且还颇赚钱的事来做，就不是真正的企业家。虽然跟着前人的步伐可以赚到钱，但更应考虑他人还未想到的事业。"

他过去的事业总是抢先他人一步，捷足先登。以他所经营的舞蹈社和汽车旅馆，都是在别人之前抢占了商机。

他所经营的日本第一家真正的汽车旅馆，除了提供人们休息外，还有加油、维护、修理的设施，是真正为长途驾驶人着想，兼具休息与住宿的地方。

另外，他设计的汽车旅馆与众不同，并不是规划成一座大停车场，让所有的车都停在一起，而是采用"一室一车库"的设计，使每个人都能充分享受个人的时间。

经过大众媒体的宣传及人们的口碑，使得他的汽车旅馆生意一天比一天兴隆。

还有一个类似的例子，美国有个名叫米特的设计师，有天他住在旅馆里，突发奇想：世界上各式各样的陆上旅馆都有，就是没有海底旅馆。

海底世界是十分神秘有趣的，人们都愿意欣赏，为什么不开一家海底旅馆呢？这么一想，他立即展开行动，开始设计的是直接在海里建造一座房屋，屋墙上装有许多玻璃，人们可以透过玻璃窗，在水中探照灯的照射下，欣赏各种海底奇观。

由于实施上有困难，米特只好调整他的点子，他千方百计找到了一艘退役的大船，然后将船底进行部分改造，安装了许多特制玻璃，船底一腾空就可以安装50个床铺。

当游客进入这座特别旅馆后，大船就慢慢开往浅海，人们一路上可以看到各种海底景色和稀有珍奇的鱼类。这个旅馆因为兼具旅游观光的独特风格，每个铺位一晚的租金高达5000美元。

想别人所未想到的并付诸实施，是创业成功的原因之一。要想做到这一点，要求创业者"心细"。创业者要如何才能做到"心细"，下面提供四个方向。

1. 善找大公司的空当

对众多的创业者来说，与大公司进行竞争是一个十分棘手的问题。一定要对此找出合理答案，并且在做出决策之后才能开张营业，否则难免失败。

有些人认为凡与大公司进行竞争，结果只能是鸡蛋碰石头，死路一条，但现实生活中的大量事例表明并非一定如此。

有时候，一些小本经营的创业者也可以在大公司漏掉的生意中发大财。作为顾客未必都能忍受大公司那种机械古板的服务方式，或者为求方便、避免浪费太多时间，于是乎就惠及殷勤待客的小店铺了。

类似情况到处可见。例如，在经营电脑设备或大型机械设备的行业中，某家公司即使是小规模的企业，倘若能做到交货快捷，及时满足顾客的需求，同样可以从那些强大的竞争对手那里获得相当的贸易份额。类似这样的情况，创业者在评估市场潜力、分析竞争形势的时候，是需要充分考虑的。

2. 从市场细分中捕捉商机

市场可以细分为多个小市场，创业者通过对市场的细分，可以从中发现未被满足的市场，从而也就捕捉到了发展的商机。麦当劳快餐公司被人称之为"最能够着眼未来的快餐企业"，也常被称为各种"麦当劳创举"。麦当劳的成功就在于它能够不断从细分市场中捕捉到商机。

例如，在美国，麦当劳最早是针对单身贵族和双薪家庭这一细分市场，为愈来愈多的单身贵族和双薪家庭提供早餐；在中国，麦当劳则针对儿童这一细分市场，充分抓住中国独生子女娇贵的特点，搞起了所谓"麦当劳儿童生日晚会"等促销活动，并取得了成功。

在市场中，不同的消费者有不同的欲望和需要，因而不同的消费者有不同的购买习惯和行为。正因为如此，你可以把整个市场细分为若干个子市场，每一个子市场都有一个有相似需要的消费者群。

日本资生堂公司于1982年对日本女性化妆品市场做了调查研究，按年龄把所有潜在的女性顾客分为四种类型：第一种类型为15~17岁的女孩，他们正当妙龄，讲究打扮，追求时髦，对化妆品的需求意识较强烈，但购买的往往是单一的化妆品。

第二种类型为18~24岁的女性消费者，她们对化妆品也非常关心，并采取积极的消费行动，只要是中意的化妆品，价格再高也在所不惜。这一类妇女消费者往往购买整套化妆品。

第三种类型为25~34岁的妇女，她们大多数人已经结婚，因此对化妆品的需求心理和购买行为也有所变化，化妆也是她们的日常生活习惯。第四种类型为35岁以上的妇女消费者，她们显示了对单一化妆品的需要。然后，公司针对不同类型的消费者，制定了一系列正确可行的销售政策，并取得了经营的成功。

3. 从缺陷中捕捉商机

研究竞争对手，从中找出其产品的弱点及营销的薄弱环节，也是生意人捕捉商机的有效方法之一。美国的罗伯梅塑料用品公司自1980年高特任总裁起，其业绩增长了5倍，净利增长了6倍。

罗伯梅公司成功的秘诀之一就在于采取了积极参与市场竞争，"取竞争者之长，补自己之短"的方式，在竞争对手塔普公司开发出储存食物的塑料容器后，罗伯梅公司对其进行了认真的分析研究，认为塔普公司的产品品质虽然高，却都是碗状，放在冰箱里会造成许多小空间无法利用。

于是，对其加以改进，开发出了性能更好、价格更低、又能节省存放空间的塑料容器。就这样，在塔普公司及其他公司还未看清产品问题的时候，罗伯梅公司却已将之转化为极重要的竞争优势了。

4. 在行业交界处发现创业机会

每个行业都有它特定的经营领域。比如木材加工公司所面对的就是家具及其他木制品经营领域，广告策划公司所面对的是广告经营领域。对于出现在本企业经营领域内的市场机会，我们称之为行业市场机会，对于在不同企业之间的交叉与结合部分出现的市场机会称之为边缘市场机会。

一般来说，创业者对行业市场机会比较重视，因为它能充分利用自身的优势和经验，发现、寻找和识别的难度系数小，但是它会因遭到同行业的激烈竞争而失去或降低成功的机会。

由于创业者都比较重视行业的主要领域，因而在行业与行业之间有时会出现夹缝和真空地带，无人涉足。它比较隐蔽，难于发现，需要非常细心才能发现和开拓。

例如，美国由于航天技术的发展出现了许多边缘机会，有人把传统的殡葬业同新兴的航天工业结合起来，产生了"太空殡葬业"，生意非常兴隆。再如，"中国铁画"就是把金属制品和绘画结合起来产生的，"药膳食品"

是把医药同食品结合起来产生的。这种加加减减的创新，往往能令生意放出异彩。

掌握消费者的需求

如果未调查就贸然创业，在得不到消费者的支持下，一定难逃赔钱的命运。

懂得捉住人心，就是掌握赚钱的关键。因为消费者的喜好多样化，想知道消费者的需求实在不容易，所以不管是开店做生意或经营企业，在开发新产品时一定要在市场调查的基础上推陈出新，才能引起消费者的购买欲望。

以面临泡沫化的网络产业来说，到底哪些性质的网站能赚到钱？除了大型的入口网站有广告及电子商务购物的能有收入之外，网络收益成长最惊人的，莫过于网络上游戏及旅游网了。

虽然网络行业竞争十分激烈，不过还是有不少收益不菲的网络公司，像大家所熟知的网易、搜狐等著名网站，就是以抓住青少年迷恋电子游戏的心理，而创造出不错的业绩。

另外，再创经济奇迹的另一种财源滚滚的网站是旅游网站，除了资讯丰富完整，价格便宜，套装自由行的行程更受消费者喜爱，再加上便利安全的付款机制，虽说不景气，但网络旅游商品的经营还是三级跳。

从这些例子可以看出，不管网络公司怎样布局，赚钱的公式一定是都得先要想好，也就是要掌握市场的需要，才能立于不败之地。

问题是如何取得消费者的青睐呢？就需要动脑筋好好想一想了。

日本有个叫周一林多的小老板，他从18岁就开始卖年糕，积蓄了一笔钱后，他开设了一家号称"中华面"的拉面馆。

善于掌握顾客心理的他，经营渐渐有起色，规模也愈做愈大。在经营过程中，他发现女性对产品有种细腻的感受心理，于是就突发奇想，决定开一个专为女性服务的商店。

于是，他盘下一家小商店，将它彻底改装，充分针对女性每一个细微的心理进行设计。小店里面的环境幽雅而高贵，柔和的灯光散发出温馨的气氛，而且店里所卖的商品全是女性用品，从大到小，各式各样无所不有。

周一林多给此店取名为"女性用品店"，开业时就受到热烈的欢迎，当天吸引了几千名女子光顾。另外，它还有一个很吸引女顾客的规定——所有男人不准进入店内。

由于女性用品店的生意相当兴隆，使得短期内，就出现了1000多家类似的女性用品专卖店。

没错，赢得女性顾客的支持，是能尽快赚钱的途径。这是为什么呢？一般来说，女性花钱比男性吝啬，但女性想要某种东西时，就会不惜一切代价去得到。

那些能使自己装扮得更漂亮的化妆品，或者能让男人更爱自己的各种装饰品、服装，女性绝不会放过。

尤其有一件事，女性宁愿委屈自己也要执意去做的，就是保持美丽的身材和容貌。为了维持苗条的身材，女性宁愿不吃东西；为了面貌姣好，不惜花费巨资去美容。

因此，化妆品、美容器具、美容整形、服装服饰等行业，一旦能获得女性的喜好，生意一定兴隆。所以，女性喜爱的商品，很少会受到不景气的影响。

同样的道理，每个阶层的消费群都各有不同的喜好，只要能掌握该阶层的需求，然后投其所好，照样可以轻轻松松赚大钱。

有人潮才有钱潮，因为顾客是消费的大众，如果不能引起顾客的注意。就算你的产品再好也没用。

在北京三里屯有一家开了多年的酒吧，小老板是一名大学刚毕业的青年，他是从父亲手中继承了这家酒吧的。

虽然他很努力地用心经营，而且也打算将学校的所学的经济管理知识派上用场，可是没过多久，那些他父亲熟悉的老主顾们纷纷表示对年轻人的风格"感觉不习惯""怪怪的"的怨言，这使他感到忐忑不安。

尽管店内装潢和布置都经过他细心整修过，还添置了新的音响设备和光盘，但是顾客人数却不见增加，反而有流失的现象，不免使他丧失做老板的信心。

有一天，他偶尔发现了一本父亲的备忘录，虽然字体潦草，但是仍可以辨识出内容的大约是记录哪一个客人爱喝什么酒、听什么乐曲这一类的事。

对他来说，这无疑是个新发现，就像黑暗中出现了曙光一样。从此以后，他努力搜集每个客人的资料。每当客人进门后，他便根据这些资料，不待客人开口，就已熟练地说出他们要点的饮品或要喝的酒及喜爱的乐曲，使得客人有"深得我心"的感受。

正因为他能够了解顾客的需求，慢慢地回头客愈来愈多，酒吧里的生意蒸蒸日上，在此他不只是重建客人的光顾"档案"，更重新树立了他的信心。

没有顾客上门消费，生意当然做不成，更别说想要赚钱了，说不定还得关门大吉。

创业做生意，最重要的是掌握顾客的心理。给予顾客好的印象，建立互相信赖的关系，使他下次还会前来光顾。

因此，对于你的顾客，最好是愈了解清楚愈好，对什么样的人就该采取什么样的态度。如此一来，当顾客感受到你对他的贴心服务后，相信他们也会不吝啬，一定会用行动来支持你。

只要掌握了顾客的需求，创业路上行走的你就成功了一半。

大处着眼，小处着手

　　企业中常常有一些不起眼的小事，许多老板都因为"事小"而睁一只眼闭一只眼。事实上，有很多小事，是因为普遍存在而显得"小"。这些小事，被海尔集团总裁张瑞敏称为"影响发展趋势的小事"。

　　海尔集团原冰箱二厂厂长在广州出差，手下一员工因厂长不在，在上班时打瞌睡。张瑞敏抓住这件事，不仅处罚了这个员工，还加倍处罚了这位厂长，震撼了海尔集团的所有干部。

　　张瑞敏认为，这件事反映了当时干部中一种普遍的思想倾向，觉得企业发达了，日子好过了，多少有些骄傲自满的情绪："企业发展到今天，自己没有功劳也有苦劳，即使工作中出毛病，也不能像过去创业时那样惩罚了。"抓毛病就要抓带趋向的毛病，这样的风气滋长下去非常危险。于是张瑞敏拿这件小事当成一件大事，用严厉的处罚震慑整个集团的员工。

　　1997年6月19日，海尔集团内部报纸《海尔人》的记者发现，海尔洗衣机公司三楼女洗手间的卫生纸盒被加了一把锁。当记者问起为什么这么做时，清洁工回答道："员工素质太低，不加锁，整卷纸就被拿跑了！"

　　于是，记者发表文章《谁来"砸开"这把锁》。文中分析道，这一把锁暴露了两方面的问题：一是员工观念、素质亟待提高。上锁，这很简单，但这"锁"能提高员工素质吗？卫生纸可以锁，其他问题呢？因此，追根溯源，还是因为管理者头脑中有一把"锁"：放弃了最艰苦的工作——教育员工，提高员工素质，没有把教育人当作"长期作战"的战略来部署。文章希望管理者能够从头脑中"砸开"禁锢自己思路的这把"锁"！

　　文章见报后，立刻引起了极大反响。集团上下开展了一场"千锤重敲砸开这把锁"的大讨论。有人说："洗衣机公司的客观环境得到了改造，主观世界也必须改造。用锁是改变不了员工的主观世界的。

锁，不仅解决不了问题，还会使员工产生逆反心理，锁住了员工素质再提高的契机。"有人说："卫生纸盒加锁太不像话，太不相信员工。"洗衣机公司的许多员工对卫生纸盒上锁表示了愤慨，他们说员工的素质并不像管理者所想的那样，到了卫生纸盒非上锁不可的地步。

集团大抓此事，让所有员工参与讨论，反思一下自身的素质状况：生活中的"锁"打开了，头脑中的"锁"呢？

正是因为张瑞敏等善抓小事，紧抓"带趋向性的问题"不放，海尔的管理水平才能不断地提高，海尔集团也一天天壮大。

聪明的创业者，你也应该学习张瑞敏"小题大做"的管理方式。

关注开设工厂的隐藏成本

开设工厂，最大的隐藏成本是拖延造成的成本。

例如，某工厂的一台机器拖延了两个月才安装。这种拖延，意味着在原来企业的成本开销上，要再加上机器价钱的两个月的利息及损失了两个月的生产收入。

因此，当你为取得降价而拖延订购机器的时候，切记要考虑所有的后果，你必须完全肯定，你推迟做决定的时间不会使隐藏成本的增加高于你所压下的机器价钱。

年产100万吨的钢厂推迟一年开工意味着损失价值2亿元的销售收入。为什么要拖延？或许投资者可能在某个供应商身上省下近20万元；或许不同部门对签订合同的看法上有分歧；或许有人故意推迟；或许只是某个人下不了决心；或许文件出了差错。不管怎样，拖延造成的损失是价值2亿元！而这还不是全部损失，还要加：

——贷款利息的开销，它不管工厂是否开工总是存在的；

——进口钢材给国家带来的外汇支出；

——就业以及其他等等。

因此可以看出，拖延的代价是很大的，特别是当产品价格一直在急剧上升时。

拖延对于形成正确的决策并没有什么特别的好处。通常它的产生只是由于人们不肯深入到问题中去，但当他们最终认真思考时，例如在两个月之后，他们也只花几分钟就作出了决策。可见开始有拖延是完全可以避免的。

另一项隐藏的成本在于没有充分利用可以利用的生产设备。对于一个虽然无利可图但可维护工厂开工的订单，有时把它接受下来在决策上也是明智的。因为这样做至少可以使人们收回相当大部分的固定开销。这种固定开销是不管生产量有无都要花费掉的，诸如折旧费、工资、利息、租金等。如果工厂以低开工率工作，固定开销对成本是个很大的负担。

生产更多东西对于降低成本常常远比其他削减开销的办法更为有效。

每增加一个生产项目就意味着昂贵的固定开销可以相应地

要控制搬运费，即托盘、包装、运输、标签、货场、储存等等费用，就要把物品的流程看成一个整体的系统，力求用最小的开销取得最好的结果。鉴于搬运费在成本中占有很大的比重，所以从一开始就要考虑尽量减少搬运次数，并以此为目的来调整组织工作。

经济学家德鲁克说：在企业内部只有成本。中国也有句老话：省钱就等于挣钱。

利润=收入-成本。所以成本的降低就意味着利润的增加。

然而有的企业经营者在采取其他办法提高利润时，却常常忽视了全面的成本降低计划。事实上，不管宏观经济情况如何，在力求提高利润或稳定利润时，成本降低应该是管理层最重要的工作。你不能等到企业经济有问题时才意识到成本降低能有效地提高公司的最终成果。延误成本降低是一种慢性自杀性行为。

成本降低措施要真正取得成功，不仅要制订有组织的综合的和连续不断的计划，而且还要使成本降低成为最优先的工作。不仅企业领导者，而且从上到下每个公司的员工，都要真正地理解和认识到成本降低的重要性。

有一家被公认为具有成本意识、办得很成功的公司，经过专家考察，确认该公司认识到了降低成本和提高利润之间的直接关系，认识到把成本降低作为最优先工作的绝对必要性。该公司生产60种不同的产品，雇员200人，其中25人为工程师。

他们严格地遵循成本降低原则，还创造了一种革新的、富有创造性的成本降低法。降低成本成为这家公司中人们的"第二本性"。每年他们的预算中都有降低成本6%的计划，而每年都能达到或超过这个目标。

这家公司成本降低方法的要点是：任何人都清楚地知道自己的具体工作职责；每一个员工必须提交经过研究、认可的和可实施的成本降低建议书；每个员工都被安排到成本降低小组中；工资的提高与员工对成本降低的贡献直接挂钩；所有成本降低建议必须采取书面形式；这种活动坚决要求100%的参与率。这种活动在该公司实施了多年，效果显著。

不要远离消费人群

随着移动互联网的到来，整个商品市场都为之改变。从前，掌握了渠道者，便可纵横天下，随后拥有强大产品者，方能笑傲江湖。但是到了现在，只有能够赢得用户的心，企业才算真正站稳脚跟，寻求发展。

其实，从人类建立了市场开始，用户就应该是商家、企业第一需要争取的对象。但是由于以前商品短缺，渠道闭塞，导致用户们没有足够多的选择权，最终被商家掌控于股掌之中。

但是随着时代的进步，市场已经从商品短缺变为产量过剩，再加上互联网的普及，人们掌握的信息越来越多，选择权也越来越大。终于，顾客变成了真正的"上帝"，站上了市场这个食物链的最顶端。

在这样的时代背景下，传统企业曾经引以为傲的渠道与自身体量，再也不能左右用户的选择，自身的优势正在逐渐丧失，这也正是传统企业纷纷寻求转型的原因。所以，传统企业想要转型成功，首先就要与那些曾经的思维模式，进行彻底的切割。我们要低下那颗曾经狂妄自大的头颅，真正的走近用户，了解用户，思用户之所思，想用户之所想。只有能够做到这些，才能够真正地转型成功，而不是换汤不换药，只学到了面子，而没有学到最重要的里子。

很多传统企业在转型的过程中，也已经察觉到了如今的局势，准备拥抱客户。但是，当他们转过身来，张开双臂时才猛然发现，原来自己离消费者如此之远。即使自己露出了微笑，消费者也看不到，即使自己放低了姿态，也再难进入到消费者的眼中，心智中。

企业想要彻底转型成功，拉进与消费者之间的距离，就要做到以下4点：

1. 积极与用户交流

以往在市场中，销售人员往往是各个企业中的最重要存在，只要将产品卖到了消费者手中，企业与消费者之间的交流也就随之结束了。但是在新时代中，企业与消费者的交流应该是持续存在的。所以，今日的客服人员、售后服务人员才应该是企业中的中流砥柱。在这个地球村的时代，只需要很少一部分消费者对企业的产品或服务提出不满，就会迅速传遍"全村"。那时再想扭转自己的不良形象，就难于登天了。

企业一定要积极回复消费者的留言与反馈，快速帮助消费者解决售后问题。并且要收集消费者的意见与建议，建立自己的数据库。新时代，用户第一，数据才是衡量企业实力，优化产品的最重要标准。

2. 打造良好品牌口碑

品牌对于一个企业站稳脚跟，提高销售量的作用不言而喻。如果传统企业能够拥有一个，大家熟知并信任的品牌形象，就相当于为你的转型之路买上了一份重重的保险，成功率也会大大提高。

何为品牌？三个口为品，也就是说，人们口口相传的牌子就是品牌。虽然，如今的社会越来越多元化，大部分年轻人的消费也越来越追求与众不同。但是，只要你有良好的口碑，就依然会拥有一批忠实的消费者。这些消费者也会帮助你的企业完成转型，一点点进步。

当你的品牌拥有了忠实的粉丝后，这些粉丝就会自发地帮你宣传，打广告，维护你品牌的形象。在这个自媒体的时代，每多一个粉丝，你的企业就相当于多了一家媒体的支持。积少成多，聚沙成塔，企业的名气就会像一个漩涡一样，不断扩大。

3. 符合新时代的产品制作流程

如今的市场，已经从企业先制造出产品，一边销售，一边通过销售量判断消费者喜好，再逐渐改进。变成了，先收集数据，在互联网中向不同圈子的用户征求意见后，最后进行设计与生产。

也就是说，其实现在的产品，在没有销售前，企业就应该大致能判断出销售量的情况。企业可以通过对目标人群的判断，市场行情进行先一步的预估。这样既节约了成本，避免存货堆积的情况。又能有效维护企业形象，以免出现产品已经销售，才知道用户并不喜欢的尴尬局面。

虽然很多产品现在还无法实现真正的"私人订制"。但是找准目标人群，通过产品和服务，在最大限度上满足这部分用户的需求与痛点，也已经足够企业拥抱住转型后的第一批粉丝了。得道者多助，失道者寡助。对于企业来说，用户、消费者就是永恒不变的大道，得粉丝者得天下。

4. 引领消费潮流

如果一款产品能够掀起一股风潮，引领潮流。那么，即使后面出现再多的模仿者，人们也只会记住你的名字。当然，引领潮流并不容易。我们在积极和用户沟通，收集留言与反馈的同时，也要拥有自己的判断和主见。

因为，就像苹果创始人乔布斯乔帮主曾经说过，"有时候，用户也不知道自己想要的是什么"。其实这是一个很简单的道理，比如在没有汽车之前，你再如何收集用户的意见，也不过是如何优化你的马车，如何培育出更快、持续力更强的马罢了。

这时，我们需要的就是自己的判断力，自己的思维。人们对马车的需求，只是为了更快更舒适的出行。那么，只要我能够解决用户这两点需求，是不是用马车也就不再重要了。

当我们打造出了一款能够解决用户需求的产品，即使它并不符合人们之前的认知，但只要它能够达到极致，就同样可以被人们接受，并且很有可能引领下一段潮流。

其实，以上的4点都是方法，还处于战术层面。真正战略层面的建议也十分简单，就是以人为本，以用户为核心，让消费者成为企业最终的决策者。

破局

脸

厚

　　爱面子，几乎是从古至今中国人的共同心态。半个世纪以前，林语堂在《中国人的脸》一文中就说过："中国人的脸，不但可以洗，可以刮，并且可以丢，可以赏，可以争，可以留，有时好像争脸是人生的第一要义，甚至倾家荡产而为之，也不为过"，深刻地刻画了国人的这种特性。鲁迅先生在《说"面子"》一文中也说过，"每一种身份，就有一种面子"。

　　人们的"面子"观念往往是与他在社会上的地位、职业相称的，例如自古以来，中国的读书人就不屑于经商，他们的面子只是与学问连在一起的；而作为商人，他们的面子恐怕也跟"财富"密切相关。人们在心里都有一种对自己形象的定位，一旦发生与这种形象不相称的行为，他们就认为"丢脸"了，而若是有些东西会令这种形象更光彩的，他们就会觉得"很有面子"。

　　其实，爱面本是一件正常的事，起码表明人们还拥有自尊心和自己的人格。问题在于，人们用爱面子的心态去维护自尊的目的往往发生了偏离。从深层考虑，人们"爱面子"的行为表现通常是为了在别人的眼前炫耀，是为了把自己在别人心目中的"评分"提高一些而已，而这些行为的表现也不一定合乎社会、他人和自身的利益。说到底，很多人的"要面子"实际只是一种虚荣心。他们所理解的"面子"只是等同于别人羡慕的眼光、赞赏的语言和自己那种高人一等的飘飘然的感觉而已。

　　这种虚荣的"面子观"若存在于创业者心中，其实是为祸不浅的，其中之一便是使人们不惜比阔斗富，铺张浪费。另外，这种"面子观"给创业者带来的最大害处是阻碍了他们独立思考的能力，使不少人只能跟着"人言"走，常常迷失了自我。由于爱面子的人更多考虑的是别人对自己的评价，因而他们的行为标准就完全取决于别人的思维了。林语堂说的"甚至倾家荡产而为之"的原因就在于此。

创业要想成功，有必要把面子抛开，将脸皮加厚。

商人言利，天经地义

"脸厚"的一大障碍来自人们本身固有的观念，特别是在知识分子的思想观念上对商的贬抑，对利的排斥。尽管人们在实际生活中处处体会到"没有钱是万万不能的""一分钱难死英雄好汉"，甚至"丈夫无钱，妻子视为九分废物"。

这一切或许与儒家的传统义利观的影响有关。今天也许到了该向这些陈腐的思想讨个说法的时候了。

从历史上看，中国传统的重农抑商、重本轻末的思想，大都是从传统的义利观中引发出来的。而历代封建统治阶级又常常以此来作为抑制商品经济发展、维护自身既得利益的一种冠冕堂皇的手段，其直接结果是经济萎缩，流通不活，商人社会地位低下，介入商界的人员素质不高。社会的优秀分子远离商界，以清高标榜自己重义轻利，在这种义利观的困扰下阻碍了个人潜能的释放。

其实，正本清源，我们的祖先对义与利两者关系的认识是辩证的、互补的，而不是绝对的、互斥的。儒学鼻祖孔子曰："富与贵，是人之所欲也。"（《论语·里仁篇》）孔子自称："富而可求也，虽执鞭之士，吾亦为之，如不可求，从吾所好。"（《论语·述而篇》）孔子认为如果财富能轻而易举、唾手可得的话，我也会去追求，若太难的话，那我还是干我得心应手的本行。

这不由得使人想到，伟大的革命导师恩格斯也曾经"投笔从商"。那是19世纪中叶，欧洲革命失败后，许多革命者四处漂泊，当时，马克思在经济上濒临绝境。为了挽救革命事业，恩格斯毅然放弃手上的工作，跨进"商海"，果真还赚了一些钱，使马克思和其他革命者渡过暂时的经济难关。

当年恩格斯"弃笔经商"之举，也曾遭受过非议、中伤和冷嘲热讽。对此，恩格斯坦然处之，并公开表明："如果我有把握明天在交易所赚它100万，从而能使欧洲和美洲的党得到大批经费，我马上就会去交易所。"由此可见，言利者，并非不义之士。

中国古代先哲们对人性本能的体验是客观的、深刻的，也是含蓄的。古人曰："天下熙熙，皆为利驱；天下攘攘，皆为利往。"（《史记·货殖列传》）又云："夫凡人之情，见利莫能勿就，见害莫能勿避。其商人通贾，倍道兼行，夜以继日，千里而不远者，利在前也。渔人之入海，海深万仞，就彼逆流，乘危百里，宿夜而不止者，利在水也。故利之所在，虽千仞之山，无所不上，深渊之下，无所不入焉。故善者势利之在而民自美安，不推而往，不烦不扰，而民自富。"（《管子·禁藏》）

显然，我们的祖先并没有停留在承认趋利避害的人性本能上，而是希望从政治国者，一方面能因利而顺势引导，把每个人追求物质利益的创造性潜力都释放出来，实现国强民富的目标。另一方面，通过对仁义为核心的伦理道德的倡导，推动社会道德风尚的提高。因此，提出了"德义，利之本也"。"义以重利，利以丰民"（《国语·晋语》）。"义"只有"利"于天下，才能贵于天下。

义与利并不矛盾，也不对立。利是人之欲，义是利之本。现代儒商的义利观，应该是亦义亦利，利国利民，利他利己。宋代学者叶适说："正宜不谋利，明道不计功，初看极好，细看会疏阔。古人以利与人，而不自居其

功，故道义光明。即无功利，则道义乃无用之虚语耳。"（《习学记言》）

因此虚论道义而无功利，与国、与民、与他、与己都是空话一句。现代商人可以自慰的是，他们是义与利的统一体。首先，现代商人，从法律的角度看，是纳税人，为国家纳税越多，贡献越大。因此，能利国者，义也。其次，现代商人把优质的产品和优良的服务，奉献给民众，这一利民之举，亦为义也。第三，现代商人在企业、公司生产、开发、营销、服务的过程中，解决了社会就业问题，这又是一利人之举，义也。古人云："有能力济人谓之福"。因此，创业者应该理直气壮言利，大张旗鼓倡义。

商人言利，天经地义。

脸皮厚吃个够，脸皮薄吃不着

这是时下保险业流行的一句口头禅。其实这句话对一切成大事者都适用。

普天下商人莫不具有厚味。新疆驼队闻名于世，他们在沙漠之类铁路不发达的地方，组成队伍，利用骆驼、马、驴等兽力运送商品，武器、粮食，就像中国南方的"马帮"。

在我国，自古以来有一种卖药的郎中，他们背着一个大包袱，挨家挨户地推销药品，足迹遍及全国，实在是典型的"行商"。

在美国也有一种走贩。他们骑着马、骡，跨过西部电影常常看见的大平原，背着波士顿皮包到处叫卖。当然这些美国走贩所卖的东西都是一些没有信用的贱卖品，不足为训，但是他们那种为了求生，浪迹天涯的商人精神，却值得我们很好学习。

环视我们周围的一些创业者，他们是怎样的一副德性呢？从银行获得融资，开起一个装潢得富丽堂皇的店铺，坐等顾客上门。只有消极地守株待兔，却很少积极地采取攻势，上门服务、挨户推销。简直像庙里的菩萨等待善男信女进香奉献一样。

现在挨家挨户推销商品的推销员非常普遍，但是只要当起老板，那么就雇用几个推销员，自己会在店头的后面角落，或躲到办公室里面。俨然是董事长的派头，决不愿意挨户推销，服务到家。这实在是一件不可思议的事。

由于这种风气的熏陶，许多创业者一开始就想要董事长的派头。什么没有开店的本钱没法做生活啦，什么找不到可以便宜进货的批发商，雇用推销员没有什么利润啦……都是一些以为做生活就是要派头的错误观念。这可以说是忘了生意的基本点，做生意是为了抹下面子，不是为了要派头的。

本来商场如战场，做生意就是战斗，你穿个西装革履，扮个文质彬彬，怎么跟人"战斗"？

所以，要创业，从背包袱、挨户推销做起怎么样？这样不必要店，不必要办公室。有点资本，买辆平板车好了，从这个起点开始，厚化自己的脸皮，那么未来的大赢家可能就是你。

不妨软磨硬泡

日本企业家土光敏夫的"饭盒战术"生动地体现了"脸厚"的魅力，成为在绝望中寻得希望的典范。

1946年4月，土光敏夫被推举为石川岛芝浦透平公司总经理。当时，日本刚刚战败，百姓生计窘迫，一日三餐不保，企业的发展更是困难重重，其中最大的困难就是筹措资金。即便是那些著名的大企业，资金也相当紧，更何况芝浦透平这种没有什么背景的小公司，就更没有哪家银行肯痛快借钱给它了。土光担任总经理不久，生产资金的来源就搁浅了。为了筹措资金，土光不得不每天去走访银行。

一天，土光端着在车站上买的盒饭到第一银行总行，与营业部部长谷川重三郎（后升为行长）商议货款事项。

"今天无论如何都得借，借不到就不回去了。"土光一上来就摆出了不达目的誓不罢休的气势。

"可我的手头没有能借给你的款项呀。"长谷川则装出爱莫能助的无奈之态。双方你来我往，谈了半天也没谈出结果来。

时间过得飞快，一看到疲倦的长谷川有点像要溜走的样子，土光便慢条斯理地拿出了带来的饭盒，说："让我们边吃边谈吧，谈到天亮也行。"此时的土光抱着一个信念，绝望即为希望，硬是不让长谷川与营业员走开。

对于土光的这个"饭盒作战"，长谷川只好服输，最终借给了他所希望的款项。

后来，为了使政府给机械制造业支付补助金，土光曾以同样的方式向政府开展申诉活动。于是在政府机关集中的霞关一带，就传开了"说客"土光的大名。

土光的"饭盒战术"表现上似有点软磨硬泡的无理性，实际上却以自己的"脸厚"感动了对方，从而达到自己的目的。

"软磨硬泡"是一种特殊的谈判术。它能以消极的形式争取积极的效果，可以表现自己不达目的不罢休的决心和毅力，给对方施加压力，也可以增加接触机会，更充分地表明自己的态度、思想和感情，以影响对方的态度，达到谈判的成功。这种战术看似简单，里面的学问可大了，也不是人人都能做得很好。这有以下几个窍门。

1. 长于自控忍耐

足够的耐心是"泡蘑菇"的前提和基础。当前进受阻出现僵局时，人们的直接反应通常是烦躁、失意，恼火甚至发怒，然而，这无助于事情的解决。你应理智地控制自己，采取忍耐的态度。

这时，忍耐所表现的是对对方处境的理解，是对转机到来的期待和对求人成功的自信。有了这种心境，你就能在精神上使自己处于强有力的地位，能够方寸不乱，调动自己全部的聪明才智，想方设法去突破僵局。即使消耗一定的时间也在所不惜。

从另一个角度看，"软磨硬泡"消耗的是时间，而有些时候，时间恰恰是一种武器。时间对谁都是宝贵的，人们最耗不起的是时间。所以，如果你以足够的耐心，摆出一副"打持久战"的架势与对方对垒时，便会给对方的心理产生震慑。以"泡"对"拖"，足以促其改变初衷，加快办事速度。所以，你要沉住气，耐心地牺牲一点时间，反而可以争取到更多的时间。

有没有足够的耐心，还与人们的自尊心强弱有关。

有些人脸皮太薄，自尊心太强，经不住人家首次拒绝的打击。只要前进一受阻，他们就脸红，感到羞辱气恼，要么与人争吵闹崩，要么拂袖而去，再不回头。

看起来这种人很有几分"骨气"，其实这是过分脆弱的自尊，导致他们只顾面子而不想千方百计达到目的，于事无益。

因此，我们在求人时，既要有自尊，但又不要过分自尊，为了达到交际目的，有时脸皮不妨厚一点，碰个钉子，脸不红心不跳，不气不恼，照样微笑与人周旋，只要还有一丝希望就要全力争取，不达目的决不罢休。

2. 善于见机行事

"软磨硬泡"，不仅要能"泡"，还要会"泡"。换言之，"泡"，不是消极地耗时间，也不是硬和人家要无赖，而是要善于采取积极的行动影响对方、感化对方，促进事态向好的方向转化。

俗话说："人心都是肉长的。"不管双方的认识距离有多大，只要你善于用行动证明你的诚意，就会促使对方去思索，进而理解你的苦心，从固执的框子里跳出来，那时你就将"泡"出希望了。

3. 巧于语言攻心

有时候你去求人，对方推着不办，并不是不想办，而是有实际困难，或心有所疑。这时，你若仅仅靠行动去"泡"，很难奏效，甚至会把对方"泡"火了，缠烦了，更不利于办事。

如遇这种情形，嘴巴上的功夫就显得十分重要了。要善解人意，抓住问题的症结，巧用语言攻心。

话是开心的钥匙。当你把话说到点子上时，就会敲开对方心灵的大门。

学会装傻

美国第九届总统威廉·亨利·哈里逊出生在一个小镇上，他是一个很文静又怕羞的孩子，人们都把他看成傻瓜，常喜欢捉弄他。他们经常把一枚五分硬币和一枚一角的硬币扔在他的面前，让他任意捡一个，威廉总是捡那个五分的，于是大家都嘲笑他。

有一天一位好心人可怜地问他："难道你不知道一角要比五分值钱吗？""当然知道"，威廉慢条斯理地说："不过，如果我捡了那一个一角的，恐怕他们就再没有兴趣扔钱给我了。"

你说美国总统傻吗？

学会装傻是厚化自己脸皮的一门基本功夫。

前些时候我因故需要买一些电器制品，结果出乎我的预料，全部的电器都在一家店里买了。当然，附近并不是没有电器行，可是，我何以全部在同一家店里买呢？这是有原因的。

起初我只是想去看看而走了几家电器行，最后在这家店里为了几种产品讨价还价："如果这些我全买了，你可以打多少折扣？"当时我只是想先了解行情，并非全都要买。出乎我预料的是，店老板一口随意的方言，丝毫没有要隐藏方言口音的意思，而且似乎很木讷地说："我开的价已经很便宜啦！"

经过几次杀价后，我觉得很不可思议，这位老板似乎既诚实又可靠，于是就在他店里把所需的电器产品都买齐了。他以方言很自然地提出问题，结果，连我的预算有多少、在什么地方上班等一些根本不需要告诉他的事，我也在毫无防备的状况下说出来了。那是一种接近东北地方的口音，而他的语气也是独特而令人容易亲近的，因而我失去了戒心，我只发现自己一直在老实地回答问题。

由美国社会心理学家斯奈德发明的自我监控技术，就是典型的现代装傻术。

1972年斯奈德提出了他的自我监控理论，主要关心下述两个问题：第一，个人在社会交往中力图自觉控制他人关于自己形象和印象的程度；第二，采用这一策略对人际关系的发展会有什么影响。

自我监控就是个人运用他人自我表现的暗示或线索来控制自我表现的过程，是个人进行自我表现和印象管理的工具或手段。自我监控技术是由一个精心设计的自我监控量表来代表的。这个量表主要度量自我表现五个方面的问题。

第一个问题，"是否关心自我表现的社会适当性"，实际上测量的是人们对自我监控的态度问题。事实证明，在这个问题上得分低的人，在其他问题上的得分必然也低。不过，每个人有每个人的活法，如果你对别人怎么看你根本不在乎，完全以"四大皆空"的态度对待周围的一切，那倒也罢了，你可以对自我监控的这套技术完全不予理会。

但是，你能做得到吗？

世俗之人总有七情六欲和喜怒哀乐，所以，关心自我表现的社会适当性是当今为人做事的第一要务。而要这样做，就必须发展他人观念和情境意识，以他人对自我表现的反馈和情境对行为表达的要求作为自我表现的一面镜子。

第二个问题，"是否注意社会比较信息，将其作为自我表现情境适当性的线索"，测量的是人们在自我表现中的模仿能力。模仿是学习的一个重要机制。善于模仿，就会有良好的自我表现。如果你对"我发现我很难模仿他人的行为，""我只能证明我已确信的思想，""对于选择电影、书籍或音乐，我很少需要朋友的劝告"等陈述回答"真"，那就说明你不注意社会比较信息，把它作为自我表现情境适当性的线索，自我监控的能力就低；如果你回答"假"，那么情况则完全相反。

第三个问题，"控制和调整自我表现和行为表达的能力"，有如下陈述："甚至对于我几乎不了解的论题，我也能做即时讲演，""我想我会装出一副样子来打动或取悦他人，"等。如果你对它们的回答是"真"，那就表明你的自我监控能力高，否则，就低。

第四个问题，"在特定情境中对这种能力的运用，"有如下陈述："我有时对他人显示出经历了比我实际上要更深的情感，""即使我对自己不欣赏，我也常常表现出有美好的时光，"等。回答"真"，表明自我监控能力高；回答"假"，则相反。

第五个问题，"行为表达和自我表现适合特定情境的程度"有如下指标："在不同的情境中和不同的的人在一起，我常常表现得像个不同的人，""当我不喜欢别人时，我也可以使他们错以为我很友好，""我并不总是我看起来的那种人，"等。回答"真"，对；回答"假"，错。

自我监控量表不仅可以用来测量人们自我监控的分数，而且可以用来指导自我监控，发展人们的自我监控能力。它的这种教育作用是第一位的。这一量表的运用有如下发现：第一，自我监控量表得分高的人社会适应性强，他们善于控制其行为表达，能够有效地操纵他人对自己的印象；第二，高自我监控的人比低自我监控的人更具有首创性。

也就是说，装得最傻的人，一定是个行高手，一定是个胸中有大沟壑的人。与这种人打交道时，你不妨多一个心眼，反之，你自己若是这样一个人，那几乎攻无不克。

找个"大腿"抱一抱

竞技场上，一位巨人把一个上场向他挑战的勇士打成重伤，倒在地上，同时也把一个个想上前来拯救勇士的人打跑，或是打倒。一直到地上的勇士由于失血过多而死去后，巨人才转向另一个目标。

当然这曾在古罗马上演的竞技，在今天的体育馆是看不见了。但在现今的市场上却不断上演。例如微软就是这样一个巨人，而倒在它脚下的有Borland，Lotus，Netscape，Wordperfect等等。这些公司在市场上都曾是创新和极具成长的明星，就犹如新练了几套绝招剑法的武林小子要挑战武林盟主般，想借助打赢武林盟主后，可以在武林中取得一些地位。

这些企业一上来就抢了不少微软的市场。大有一发不可收之势。但微软后发制人，用大力金刚掌将这些勇士震成重伤。这些企业不是被微软收拾了事，就是被微软的几个对头收编。而当今在市场还在与微软周旋的武林高手没有几个了。但都受了不少内伤，勉为其难地支撑着。这包括升阳（Sun Microsystem）和甲骨文（Oracle），他们能否撑到胜利，没有人知道。

许多新创的软件企业为了生存，就只有一条路，抱微软这个巨人的大腿。以空间换时间，使企业能强壮到足于在市场上立稳。

不抱大腿，会死得很难看，小公司如此，大公司也可能没有多少好运气。看这些还在与微软扭打的大公司的惨况。新公司创办人或许可以了解一些如何避开市场巨人的重击的方法。

微软在发展初期，也曾经抱过蓝色巨人IBM的大腿，由于IBM的响亮品牌，加上微软公司成功开发的软件，使得微软公司名声大振，使得个人电脑的操作系统成为微软的天下，IBM对于微软的重要性可由一件事看出。当微软和IBM的合作难于再继续下去时，微软的决策人物中，仍有坚持要忍辱负重地与IBM合作下去。因为他们担心，失去这个大伞，微软有可能活不长。

微软的例子告诉创业者，长辈的大公司的胳膊比新创的小公司的的腿还粗，只要找到一个肯合作的大公司，有一天小公司可以成为大公司。

打败老大，自己称王

创业者的梦想是建立成功的企业，而企业的梦想是成为市场上的第一赢家。"抱大腿"只是创业之初的权宜之计，企业最终的梦想是要成为市场中的老大，然而这谈何容易，需要漫长的日子，要成长得比别人快，需要积累雄厚的资金，要在本行业中总是占有领先地位和大部分市场，还要打败原来当老大的企业，这样才能成功。

广达电脑创业十年始终默默无闻，却是台湾最大的笔记本电脑厂商。它以590亿的营业额跻身《天下杂志》一千大制造业前十名；它的股票一上市，更在一夕之间成为"新股王"。

1999年1月8日，刚上市的广达电脑挂牌价创下新高，取代华硕，成为新"股王"。

2月初，林口华亚科学园区里冠盖云集。广达的林口新厂落成，神通电脑董事长苗丰强、普迅创投董事长柯文昌等人都到场祝贺。加上原厂，广达月产能可达到22万台，超前同业。

不及半月，全球最大的液晶薄膜显示器生产厂商——日商夏普

（Sharp）传出有意与广达技术合作。广达虽然只承认"接触频繁"，但若合作成功，广达将成为夏普选择的第一个台湾合作厂商。

一连串的动作令人目不暇接，上市后的广达知名度大幅提高。但是，撇开股王的耀眼光环，外界对广达究竟是如何崛起的，其实一无所知。

50岁的广达电脑董事长林百里几乎从不接受媒体采访，除了不见记者，广达连商会事务以及商展都鲜少参与，态度极为保守且低调。

过去，广达的知名度比以肉类罐头闻名的"广达香"还低。据说，广达在申请上市时，引起了承办人员的疑惑："做肉松也能做到上市？真不简单。"

一位证券界人士这样比喻广达上市的效应，"完全是不鸣则已，一鸣惊人。"

而在默默无闻的十年里，广达的确已经成为台湾第一流的电子厂商。

1. 全球第三大

广达做的是笔记本电脑。笔记本电脑的技术门槛高，就连在主机板产业所向披靡的华硕，跨入笔记本电脑时也遭受挫折，不得不整军装甲，卷土重来。

1998年，广达已是台湾最大的笔记本电脑厂商，出货量占全台湾总数的两成，营业额590亿的规模，1999年在《天下杂志》一千大制造业中名列前十名。

若以制造量来看，广达1998年出厂量达到131万台，居全球第三大，仅次于日商东芝与IBM。

广达的高股价来自高获利。1998年，广达的税后每股盈余高达21.7元，在一片不景气声中显得格外抢眼。

尽管广达已经上市，除了必要的公开场合，林百里仍然不轻易接受媒体采访。面对外界的好奇眼光，林百里并不觉得自己显得神秘。"我们只是个工厂，客户不喜欢我们暴露太多信息。"林百里在接受《天下杂志》专访时表示。

林百里的老朋友认为：他的成功正始于专心本业。"十年来他什么都不做，就只专心在笔记本电脑上。"与林百里同为台大登山社同学的致福公司董事长江英村形容。

从产业龙头到股王，林百里在异地打出天下，他的秘诀是什么？

2. 热衷技术

跟华硕董事长施崇棠一样，林百里也是个标准的技术痴。年轻时的林百里就非常喜欢技术，喜欢发明。在香港德明中学毕业后，林百里到台湾大学读电机专业。虽然林百里形容自己是"考试刚好过关的那种学生"，但在朋友眼中，林百里既聪明又用功。

林百里喜欢自己动手。1972年，还在念书的林百里就与同班同学温世仁在实验室里做出电子计算机。这台叫作"NTUE-CI"的作品，在时间上只比开发出全台湾第一部电子计算机原型的厂商"环宇"稍晚。

而宏碁董事长施振荣，当时就在环宇担任工程师。

回想起少年时光，"他（林百里）是最优秀的技术人员，直到现在我都还这么认为，"英业达集团副董事长温世仁肯定地说，"他非常执着于把理想化做现实。"

这个产品打开林百里的事业之路。在三德饭店高家的资助下，林百里与温世仁成立三爱电子，由林百里担任总工程师，温世仁担任副总经理。三爱成为台湾早期投入电子产业的先驱厂商。三爱的成员后来都成为台湾电脑界的重要人物，英业达董事长叶国一、致福公司董事长江英村、广达总经理梁次震都包括在内。

林百里对工作十分投入。三爱的第一个产品由林百里设计电路，叶国一配零件而组成。有一次，叶国一与林百里一起加班到深夜两点，终于忍不住问林百里打算何时下班？这才发现林百里的手表已经停了。

这件事让叶国一印象十分深刻。15年后，林百里成立广达，这时已担任英业达正副董事长的叶国一与温世仁共同资助老友1/4创业资金。对这个投资"竞争者"的举动,除了多年情谊外,叶国一其实也看好广达:"一个公司只要有一个认真执着的人就不会倒,有两个就会获利,更何况这个人就是领导者。"

林百里在三爱待了一年,后来因为三爱决定转向发展数位音响而离开。1984年,林百里、温世仁与许胜雄合作,成立金宝电子。

3. 眼光独到

电子产业变化快,除了技术,还要有眼光。林百里有工程师的专注执着,更为重要的是,他还能比同业更快看到大势所趋。比如,金宝原来做的是单片机,但林百里认为必须往电脑业迈进。他担任总经理时,带金宝跨终端机的生产,后来,金宝一度是台湾第二大终端机出口厂商。

1987年,金宝转投资的仁宝龟山厂发生大火,复工后的仁宝决定转型生产显示器。但林百里此时已嗅到笔记本电脑即将崛起的气味。"一把大火烧出他创业的决心,"老友温世仁回忆。林百里在1988年成立广达,这个切入笔记本电脑的时点不早不晚,恰到好处。

广达至少比同业提早五年进入市场,但"更早期做笔记本电脑的厂商却死掉很多。早起的虫儿被鸟吃,早起的鸟儿有虫吃,当鸟或当虫,要看环境成熟度而定。"江英村指出。深谙技术的林百里注意到笔记本电脑液晶荧幕的变化由于技术发展,色彩趋向柔和。"之前的液晶并不好看,这个迹象让我们觉得产业跟市场都会快速进步。"梁次震这样说。

同那些由台式电脑跨入笔记本电脑行业的竞争对手相比较,广达有很强的技术优势。当时,广达创业团队的成员都有十年以上从业电子计算机的资历,是少见的深厚技术背景。而电子计算机的技术与笔记本电脑两大关键技术——LCD与电池有衔接性。

林百里在金宝时期的管理经验可以直接移植,与LCD供应商建立的往来关系更是重要资源,这些条件让广达能脱颖而出。梁次震回忆,广达的第一个机型只花了一个半月就开发成功。这个时机也赶上国际大厂下单的风潮。第二年，广达就接单生产，开始获利。

林百里自己分析，技术是广达最大的资产。他喜欢比喻广达是"高手当家"，这些年来，他对技术的兴趣丝毫不减。

4. 比技术、比管理、比速度

广达在1997年成为美商戴尔电脑的合作伙伴，1998年，戴尔的业务就占六成以上。戴尔的成长潜力让广达水涨船高。戴尔公司第一次来台时，评选了近十家公司，后来创办人戴尔还亲自来台确认。选中广达是"因为他们的技术最扎实，"戴尔电脑亚太区国际采购管理总部总经理方国健说。

为了延续技术优势，林百里以董事长之尊亲自带领设计部门搞研发，广达对技术需求未雨绸缪，特地在研发部门中分出"前瞻研发"，专注于两年后的技术发展。以戴尔1997年委托广达生产的机种为例，这个机种在日本已累积数年开发经验，但广达在数月内就赶上日本技术水平，隔年出厂近100万台。"我们既惊讶又高兴。"方国健这样形容。

除了比技术，高科技业还要比管理、比速度。

广达的策略是多元客户，这样既能降低单一客户的波动风险，满足不同客户的要求，反过来又能促进企业的发展。譬如，戴尔的直销模式以压低库存闻名，广达必须加快周转才不会遭到库存转嫁。梁次震说，当时他们天天检视库存，只要库存一增加就马上解决。广达的存货周转率两年来一直高出其他同业。

广达执行决策的"快"也让合作伙伴印象深刻。

1998年，广达引进与客户同步的ERP（企业资源规划）系统，负责建置的源讯顾问刘骥卿最惊讶的是，星期五晚上还空无一物的教室及办公室到了星期一一早，桌椅、电脑、网络全部完备。"好像变魔术一样！"真令人惊叹。广达只花了八个月就完成整套系统，上线运作，而同等规模的工程在其他企业，大概得花上十八个月。

5. "乌龟哲学"的企业文化

虽然广达已是第一流的电脑厂商，又是股王，林百里却不显骄气。"我们只是别人的加工厂，没有控制原料的权力，只能在被动与主动间去多争取些订单，"这位技术专才谦虚地说。

林百里的作风深深影响了广达的文化与策略。广达在技术及效率上求快，但经营上却崇尚"乌龟精神"。"我们要像乌龟那样谦虚、稳健，一步一步往前走。"林百里这样诠释。以上市为例，广达早就可以上市，林百里却坚持要先做到客户分散、经营团队稳定，而且公司的确有资金需求。"公司太早上市，就像卖还没成熟的水果，吃了还不是要拉肚子？"林百里说，"上市要对大众负责。"

广达上市前没有分红入股，必须与同业共同竞争人才。林百里用广达的产业地位与企业文化说服员工。"就像运动员能在奥运会拿冠军，这不是很高兴的事吗？这才是工作原动力，而不是拿冠军能得多少钱。"

林百里更重视在内部培养人才。在广达，组成团队时强调"由下而上"，也就是资浅、资深工程师混合编组共事，一起解决问题。"我们不教技术细节，而是通过实际经验传递能力。"梁次震强调。1997年，广达的员工每人平均产值是1200万台币，高居业界之冠。

在华亚园区，广达人也是有名的特别能"战斗"。"广达的员工都是'铁人'。"一位与广达长期签约载客的出租车司机这样形容。他因为半夜常接到广达员工下班叫车而不堪其扰，后来干脆把电话挂掉。林百里曾经刚刚在半夜搭机返台，就直接去巡视工厂。在这种文化氛围中"工作虽累，却有成就感"，一名年轻的员工说。

破

局

9招走出创业困局

皮

硬

所谓"皮硬"，指的是在困难与挫折面前所表现的坚韧毅力。成功的创业者都应具有坚忍的毅力，他们在危机四伏或四面楚歌之际，表现出"挽狂澜于既倒，扶大厦之将倾"的英雄气概。美国杰弗利·泰蒙斯在其《经营者的头脑》一书中说得好："真正的经营者不会被失败吓倒，他们在困境中发现了机会，而大部分人看到的只是障碍。"作为一个创业者，尤其需要勇于承受失败，并把失败化作再次奋起的动力。

古人云：君子有恒，大事乃成。这句格言说明了坚持不懈才能成功的道理。

在当今创办一个企业，幻想一夜暴富，几乎成了流行和时尚。事实上，每年都有成千上万的企业开张营业，但不幸的是，只有少数企业生存下来，而大多数企业则半途倒闭关门。所以说，创业者在创业的过程中，必须要有坚持不懈的精神，经得起时间的磨炼和困难的考验，才能最终实现自己的梦想。

有一位企业家说过："顺境的美德是节制，逆境的美德是坚韧，而后一种美德是一种更为伟大的德性。"充满传奇色彩的洛克菲勒也同样经历过挫折的打击，如果他在第一次失败之后决定放弃，那他就不会成为后来的"石油巨子"了。

美国的史学家们对他百折不挠的品质给予很高的评价："洛克菲勒不是一个寻常的人，如果让一个普通人来承受如此尖刻、恶毒的舆论压力，他必然会相当消极，甚至崩溃瓦解，然而洛克菲勒却可以把这些外界的不利影响关在门外，依然全身心地投入到他的垄断计划中。他不会因受挫而一蹶不振，在洛克菲勒的思想中不存在阻碍他实现理想的丝毫软弱。"

可以肯定地说，没有一个创业者的道路往往不是一帆风顺的，面对挫折和困难，创业者要以坚持不懈的精神和百折不挠的意志在困境中创造生机、在风险中抓住机遇，这样才可能成为一个真正能担当大任的出色创业家。

创业初期的挣扎

创业就像进入了一个黑暗的隧道，虽然创业者心中明白，只要走下去，就一定可以到达隧道的尽头，实现心中的梦想。然而漫长的时间会比自己先前预期的更长，需要的资金也比预期的要多，付出的劳动更是难以估量，很多局外人只看到美丽梦想的实现，而没有看见创业者在黑暗隧道中的挣扎。

美国的MCI的创业者花了10年时间，才打破了通讯业巨头AT&T独占市场的情形，他承认他并未估计到需要那么多的时间，如果他知道要花10年，他或许早就不干了。很多创业者在创业后发现成功并未随预期的日子而来，倒是要不断地注入资金，因此就开始怀疑自己是否选错了行业。

从权威的调查情况看，一个企业从创立到基本稳定，大约需要1～5年的时间。最普遍的是两年，因为超过两年企业还未赢利的话，有可能因资金枯竭而倒闭。而个人服务性公司，如清洁公司等，可以在一年内站稳，原因是这类公司基本上是个人服务的劳务型公司，投入少，且无大的固定支出，只要有客人就有收入。

但是这类公司极难成长，原因是如果业务增多而雇请员工，则员工可能在掌握技术后，因手中有了客户和由于起始成本少，离开老板而自立门户与老板竞争。因此，这类公司通常保持在小规模，同时也保持低价位的竞争方式。因此，它们极难成长，同时工作也极为辛苦。

一般来说，一个小型企业从创立到站稳，至少也要两年，一些行业还要更长。如利润较薄的电脑行业等，还得在四到五年后才能算是稳定下来。比如经营旅馆的陈女士，第二年后才稳定下来，第三年开始才真正进入佳境。而前两年毫无盼头的经营状况，几乎使人要放弃原有的理想了。

陈女士在自行创业开始经营旅馆之前，曾经在国企管理过小型旅馆，对管理业务非常熟悉；也曾做过房地产经纪，因此对地产业务也相当专业，这对她决定买下旅馆自行经营大有帮助。但是一旦买下旅馆，却发现问题大大不同，财务问题，员工问题，一切都与她身为国企旅馆经理时所面对的不同，同时由于创业前两年经营上的压力，使她感到是进了一个看不到尽头的隧道。

类似有陈女士这种体验的创业人士比比皆是。原本市场看好的行业在创业者进入之后竟然进展缓慢，由于进展比预期的慢，许多业主考虑到长期资金的投入，因此，大幅度削减公司的营运支出。因为企业开张时，估算很快可以赢利，因此，聘雇了足够的员工和租了很大的场地。

由于营运的不理想，只好大幅修改计划，裁员和减少支出，这样做虽然可以使企业暂时勉强生存下去，但是随之而来的另一个现象却是由于大幅减少投入致使企业不能成长。缺少市场的投入，研发新产品或售后服务不足，都可能最后导致企业的关门。

当然如果不想减少这些必要的支出，关键还是要看创业者对目标的确定和勇气以及对风险的承受能力了。如果创业者心中并无具体目标，又不愿减少这些支出，就只能称之为冒险者了。

经营一家日本餐馆的陈先生对此很有体会。当他接手这家日本餐馆时，餐馆生意一直在下滑，但陈先生凭着过去经营中餐的经验，在接手餐馆时定下了具体的目标。他的前任认为这家餐馆处在购物中心，被几十家餐馆包围，竞争目标太大，不易生存。

　　而陈先生却认为，众多的餐馆在一起有规模效应，反而可以带来生意，只要经营得法，菜色独特，客人应该是现成的，因为购物中心有足够的人潮。在资金周转上，他利用过去的信誉和餐馆购物有同一支票结算的惯例，大力发展特别的菜色，同时在各种媒体上大做广告，虽然支出多了，但客人也多了。

　　陈先生很快将下跌的生意扭转过来，他挽救这家餐馆的生意，不是用紧缩的办法，而是用扩张的办法，竟然一举成功。在谈到这些经历时，他认为除了得益于过去他经营餐馆的经验外，还得益于同行之间的交流，甚至得益于朋友的忠告和子女的意见，同时主要是他明确自己所做的和所能达到的具体目标。

　　因此，在创业初期，发现离"隧道"尽头还有一段路时，要仔细评估一下自己心中的目标，不要轻易放弃。

有时候维持也是一种成功

　　创业，需要一定的技术、一定的关系网以及一定的组织，这三点都不是一夜之间就可以形成的。对于一个曾从事多种经营的生意人来说，投身一门新的行业，或许会快一点上手，但在这一段学习的过程中，必然事倍功半。如果认为成绩不理想就放弃的话，便浪费了很多时间，接着又投入到另一个新的环境之中，又要从头做起，十分辛苦，而且又不能保证这一新的尝试会很快有收获。

　　再者，一个人手上的资金很有限，一次失败便放弃了，第二次又如此，这样下来，又能重复几次？

　　所以，一个人在创业之始，要好好地考虑和准备。下了决心，便要以勇往直前的大无畏精神闯到底。只有在一种情况下才可以尽早回头，那就是发觉自己根本做错了事，选错了生意，入错了行。不然的话，死棋也要把它下活，或者以死棋作为转移的基地。

在市场不景气的时候，或许维持就是最大的成功。在不景气的市场环境中，必然有大量的企业倒闭。如果你的事业能够维持下来，将是巨大的成功。

首先，在这个过程中，您可以用较少的代价获得较好的营运资源，例如一些优秀的工作人员、良好的设备等。

其次，不景气的市场中，仍然会有一定的生意，剩下的企业或许就是"奇货可居"，并相对容易地获得倒闭企业的市场机会与市场份额。

第三，一旦当市场景气回升时，你可以立即展开业务，几乎没有创建过程与启动过程，比较容易获得市场的先机。

1. 维持是赚钱的前提

在营运实务中，维持是创业者能够赚钱的前提。尽管事业尚处于一种维持状态，但在市场中多少还是有一定的基础与影响，这便是获得业务的基础。一个简单的常识，做生意之前双方要相互考察，一个处于维持状态的生意要比刚开创的生意更容易取得客户的信任。

机会总是垂青有准备的人。在市场普遍衰退时，守着一个维持着的企业，就有可能获得一笔大生意。

2. 打破维持状态的策略

创业都想赚钱，长期处于维持状态谁都不会心甘。因为，维持虽然是暂时可以接受的状态，但绝不是努力追求的状态（市场环境恶劣是例外）。所以，要想方设法打破经营的维持状态。

以下一些原则可以帮助创业者打破维持状态。

首先要判断自己事业处于维持状态的真实原因，是创建过程的必然阶段、市场原因还是自己企业竞争力的相对低下，只有了解了真实原因，才能采取适当、有效的措施。

市场环境好，景气上升，打破维持状态的措施应当采取进取性策略与措施，如加大市场开发投入、增加设备与工人，必要的广告等。增加投入往往能够打破维持的状态。

市场环境不好，应当保存实力。在不景气的市场环境中，能够赚钱的一定是行业的佼佼者。这时应当降低利润率，降低营运费用，并维持合理的市场规模。牢记一点，降低营运费用，也是增加利润的重要方式。

在市场不景气的时候，一定要做稳妥的生意，不要做风险大的生意，因为你的客户可能倒闭，并直接殃及你的事业。

有些创业者，不能守，失败就要放弃，想保持元气，以图再举。但每一个成功的企业，差不多在开始时都会出现困难，渡过了难关后，前面就是康庄大道。若在这黎明前一刻的紧要关头就放弃了，或许就再没有第二次机会了。

屡败屡战

松下电器公司现在也许是世界上的大型企业之一，然而它并不是一帆风顺地发展起来的，也曾经多次陷入危机。但是凭着坚忍不拔、永不认输的精神，松下克服了一个又一个困难，终于发展为现在的松下电器公司。

松下电器公司的创始人松下幸之助在创办公司时，适逢电器行业刚刚开始发展。凭借直觉判断和认真地分析，他认为这个行业将来会有很好的发展前途。他研究出一种新产品——当时刚刚出现在家用电器市场上的电源插座。

但是，他的发明并不像他想象那样受市场欢迎，他失败了。他从原工作单位大阪电灯公司拿到的退职金也全部赔在了里面。

很多人在经历了这样的挫折之后会感到创业的艰辛，会重新找一个好的工作单位，找一份好的职业，过上安稳的家庭生活。可是松下幸之助却并不这样。他把妻子的衣服拿去抵押，换得了100日元，又重新开始了他的研制工作。他就是不甘心失败，不服输。

他在回忆这段往事时曾说："即使失败了，我扔下原来的工作改行摆卖面条的小摊也可以，但我也要把面条做得比哪一家的味道都鲜美，都更吸引顾客。"

1923年，松下幸之助研制出一种自行车电池灯。当时市场上的自行车电池灯只能用2~3小时，而松下公司发明的电池灯可以连续照明30~50小时，这种灯在各方面均优于市场上的同类产品，公司自信产品会大受市场欢迎，于是开始批量生产。

然而，这次又很不幸。由于过去电池灯质量普遍很差，批发商们不信任任何一家工厂生产的电池灯，也包括松下公司的电池灯。松下公司因此遇到了严重的困难，因为它已在此产品的研制、生产上投入了大量资金。难道就此认输吗？不。松下幸之助决定凭着他一贯的韧劲再拼搏一次。

松下认定，这种性能优越的产品肯定会受欢迎。因此公司决定继续投入资金进行生产。公司生产了几千个样品灯，在自行车商店的铺面上免费安装。由于这些灯的品质优越，使用寿命长，消费者感到很实用，便纷纷购买。松下公司的电池灯一下子成了热门货，公司也因此摆脱了困境。

"二战"刚刚结束时，由于日本经济凋敝，市场狭小，松下电器公司决定向海外发展。公司决定以美国市场作为突破口，但是要敲开美国市场的大门谈何容易，因为当时美国在技术上是世界一流的，消费者根本看不上日本产品，经销商也不愿经销日本产品。

但是松下幸之助并没有泄气，而是抱定一定要打开美国市场的信念拼命地工作，最后终于找到一家颇有名气的经销商代理自己的产品。这样，松下公司的产品开始叩响美国市场的大门。

1964年下半年，松下电器公司出现了1950年以来最大的危机。公司纯收益比上半年减少了2亿日元，这是15年来的第一次。危机的出现有很多原因，一是当时日本经济更加不景气，产品销售困难；二是家用电器行业竞争激烈，各公司竞相削价；三是公司内部管理存在漏洞。

在危机面前，松下公司自然不会退却。当时已退居董事长之职的松下幸之助，重新出马，他要带领公司全体员工共渡难关。在他的领导下，公司对经营结构进行了调整，重新建立了与各地的销售商或代理店的互助关系，让各事业部门直接与销售公司发生联系，以及时获得市场上产品需求的信息。

改革了原来的分期付款制度，加快了商品的流转速度，同时与其他各大家用电器公司达成协议，制止恶性竞争。在采取了这些措施后，公司库存明显减少，销售额迅速上升，到1965年下半年，公司即扭转了败势，盈利大幅增长，1965年下半年，公司纯收益达63亿日元。松下电器公司又一次渡过了难关。

松下幸之助曾说："不管是什么决断，都是既面临风险，也会有某些成功的可能性，关键是决断的前景。可行性难于把握，在很多情况下，这都具有不确定性……但在确认有某种盈利可能时，就必须毫无畏惧地迎接挑战。"

他还说："无论我们从事什么行业，若遇到挫折就气馁，失去奋斗的意志，那么永远无法成功。人生不如意的事十有八九，遇到不顺利的时候更应继续努力，才会获得成功。做生意就像真刀实枪的决斗，绝不可稍有疏忽或懈怠，要一直到获得胜利为止。无论经济景气与否，应有的态度和决心都是一样的。我认为，一个真正的经营者，愈是在不景气的环境中，愈能巩固向上发展的基础。

创业如果能做到这样，才是真正的创业者。如果因为一两次不顺利，就心灰意懒而放弃，那就不是创业了。当然，这不是纸上谈兵，而必须实实在在地去努力。如果对于任何困难都能克服，那么你将从中获得无穷的乐趣。"

正是凭着这种永不服输的精神，松下公司才能够渡过一个又一个危机，而最终发展成为实力雄厚、规模庞大、世界著名的"电子巨人"。

不放过任何一个可能

虽然，你可能从未认真地想过或谈过这问题（也许你向来不敢面对现实），但破产的阴影总是存在的。很不幸，这种事情一再的发生。而且，在大多数情况下，你都不知道应该由谁来负责。

生意场上的事并不是那么是非分明的，你无法用手一指就找出谁是罪魁祸首。虽然可以将每一样事情都做得很对，但仍然发现，事业就是没有起色，最后仍不免失败的命运。导致这种灾难的因素很多，其中包括有意外的损失、不良的经济环境和竞争的压力等。

那么，对一位能干的创业者来说，到底有什么办法，可以在经营事业之外及时觉察出公司即将的灾难？此时，他要么就是放弃当老板的梦想？他唯一能做的就是高举白旗投降，然后将一切归咎于命运，要么他可以硬着头皮挺身一搏，为公司赢得第二次机会。

答案很明显，假如你亟须第二次机会，那你就挺身一战，而且还有可能赢得它。然而，问题是大部分的创业者都错误地认为，一有偿债能力不足的征兆，他们就应该放弃、开溜。他们犯下这种悲剧性的错误，无法为他们辛勤建立的公司争取最后的机会。

因为，破产并不是必然结果。即使是最枯竭的公司，也可以因公司重组而重获新生。

在北京中关村拼搏的陈先生说："我苦心经营着一个叫'快速时代科技'的公司。从小我的梦想就是拥有一家自己的公司，所以，我辞去了收入颇丰的工作，将我毕生的积蓄32000元投入到这个公司，每天工作20小时，连续4年如此，希望这公司能成功。"

"而我也真的获得了相当程度的成功。我能抓住科技发展的趋势，加上从夜大得到的MBA学位。辛勤的工作和专业的学习态度终于有了回报，销售额从0跃升至每年370万元，而且我确信，快速时代科技就要发了。"

然而，突如其来地，悲剧发生了。陈先生的一笔大订单遭到了退货，理由是有瑕疵。客户开始抱怨，坏消息很快地传播开来，收的货款也要退回。最后发觉，毛病出在一个非陈先生所能控制的配套工厂所制造的零件上。

虽然陈先生企图拖延急如星火的退款要求，可是完全无效。每一个客户都急着向他要新型的替代机器，否则就立刻退款。这使得陈先生简直无法营运了。很快债权人就逼得公司宣告破产了。

"虽然我很不满意这样的发展，"陈先生说，"但对我来说，那只是一大笔数字而已。我并不承认失败，叫我离开我亲手一砖一瓦建立起来的公司是不可能的——叫我放弃我一生的梦想我办不到。"

"我雇了一位有经验的律师来处理我的债务，慢慢地我的元气又恢复了。我赔偿了我所有的客户，重建了我的信誉，并且也学会了建立一套零配件品质管理系统。今天，我的公司是同行中最大的一家，年销售额已达2000万元。我有员工230人。"

不像童话中从墙上掉下来就爬不起来的矮胖子，破产的公司还是有可能再站起来。尽管这需要花费九牛二虎的力量才能办到。一位熟悉破产法，能胜任的律师是必不可少的。为什么呢？因为政府法令在这方面的立意是要给濒临倒闭的公司一线生机的。而且，在大多数情形下，债权人权衡各种利弊后，一般都会倾向于再给对方一次机会来纠正错误、扭转乾坤，让你再试一把。

记住，在商界，你永远可以有再一次站起来的机会。随时准备奋战到底，它值得你这样做。

"掉入破产的漩涡里并不像我想象的，是我商业生命的结束，"做运输的李先生有他的独到见解："当一项我没保险的意外灾难突然发生的时候，我的生意突然陷入了困境，债权人纷纷前来索债。此时，我所做的也许可以供陷入同样状况的人参考。"

——尽全力安抚债权人；

——要求以分期付款的方式偿债，使之既能满足债权人又能让自己继续营运；

——尊重所有的债款，允诺绝对偿债到底；

——让债权人一直能知道公司复原的最新动态；

——找出发生困难的真正原因，采取坚实的步骤以防其再发生。

李先生利用上述5个方法安然地脱困了，生意越做越稳，并随时准备来个大反攻。他明快的偿债作风不但让债权人由衷佩服，也让其他的潜在客户印象深刻。

所有的企业者们，都应该有一种坚韧、执着的精神。

烂路走尽，一马平川

在一次登山途中，一位著名的策划人给一位青年创业者"算命"："你和你的企业是烂路走尽，运势抬头，从此开始一马平川……"

这位青年创业者摇头微笑，充满自信地说："烂路随时会有，但好在我的内心已经一马平川。"

几年后，这位历经十年挣扎的青年创业者，在他30岁时走出了困境，成为当地医药连锁业举足轻重的人物。他就是重庆时珍阁控股公司的掌门人——甘奇志。

1. 男儿当自强

1988年，四川邻水县复盛乡方圆几十里有史以来出了唯一的一个大学生，他就是甘奇志。

和所有农民的家庭一样，一方面甘家拿不出更多的钱供儿子上大学；另一方面，甘奇志一跨进大学校门，就在心里植下了一股心气，"男儿当自强"——18岁了，岂能再向家里伸手要钱养活自己？

他开始勤工俭学：白天卖手套，卖面包，卖汽水加锅碗瓢盆，办美术培训班和公关演讲班……夜晚则"头悬梁，锥刺股""凿壁借光"，拼命学习能令自己在社会上生根的各种学科知识。

校园生意时好时坏，生活上常常不能够自给自足，甘奇志只好应聘到校门口一家咖啡厅做"公关迎宾"，每月18元工资，包吃两顿。干了一段时间，老板看不惯他的表情了："小甘，你永远要记住我们是雇佣关系，我是老板，而你是打工的！"于是大学生的骄傲与自尊就被一句话点燃，甘奇志拔腿就走，心里突然升起"取彼而代之"的念头，自己当老板的愿望从此在心里挥之不去。

1989年秋天，甘奇志联合了几个同学"合股"顶了当地一家川菜馆经营。几个月后，甘奇志的"老板梦"没做成，还负债600元，而且几乎落得当月的生活都没有着落。他只好去卖血，当他拿着42元200毫升的卖血款和两个面包，摇摇晃晃挤出人群时，一个面黄肌瘦的儿童正紧紧地盯在他的手上，甘奇志犹豫半响，把面包递了过去。

走出医院大门，一种巨大的悲哀和无奈涌上心头，生性倔强的他，第一次触摸到这个社会的真相，感受到它对一个初来乍到者的残酷无情。

雏鹰初次试飞便折了翅膀。回家成了他唯一的方向。1991年春天，甘奇志申请休学，靠又一次卖血的钱回到家里，希望能在故乡筹钱还债。然而父母却被甘奇志的休学通知气疯了，一顿乱棍把他打出了家门。

甘奇志远远地向家门磕了几个响头，捏着弟弟悄悄给他的20多元卖炭钱——一根最后的稻草，踏上了返程列车。临近成都，唯一的"稻草"却在他身上不翼而飞，一段时间绷紧的弦为此彻底断裂，甘奇志对前途绝望了。

在成都火车站下车，他找人写了一个纸牌：给我2000元钱，我就出卖整个人生。举着牌子在火车站广场坐下，一双双好奇的眼睛看过来，惊疑、嘲笑的目光烫伤了他的自尊，十多分钟后，甘奇志扔下牌子跳起来，大彻大悟：我有手有脚，为什么要乞讨呢？

他垫在屁股下的废旧报纸上，有一则成都恩威公司的招聘启事报纸前，是一个好心人扔下的两元钱。拿着两元钱和一张废报纸，甘奇志直奔恩威公司总部。

恩威公司是成都第一个大型的合资企业，应聘之人如过江之鲫，个个衣冠楚楚，人人从容自信。甘奇志进门两分钟，便被告知没有希望。没有希望的地方却是他唯一的希望，他已经没有到任何地方的车费了。在公司大门口，甘奇志有一搭没一搭地和传达室的老头聊天，一个小时后，老头开始同情他了，给他指路：我儿子的办公室是三楼××号，你不妨直接去找他。再一问，才知这老头正是恩威公司老板薛永新的父亲。

薛永新安排他到车间做了一名管理人员。从此，他开始主动上夜班挣加班费，吃饭只吃最便宜的大食堂，开始不抽烟不喝酒不买蚊帐，像清教徒一样拼命攒钱，同时攒积着自己立身社会的思想。

几个月后，甘奇志重新设计和改进了车间生产工序，不增加成本，每年却可增加100万的产值。薛永新对他刮目相看，调他到生技部，并当众夸奖了一顿。这犯了众怒，外行管闲事打倒了内行，内行的脸往哪里搁？甘奇志在生技部的日子难熬，小鞋不断，在躲闪之中，他体会到了作为一个社会人必须关注的另外一个重要的问题：处理人际关系。

同行难相处，谦虚谨慎的他反而和隔壁销售部的人打得火热。不久，听说恩威内蒙古办事处主任将调回总部，那属于落后地区小市场，销售部无人愿意前往。于是甘奇志向薛永新主动请缨："老板，我能不能去跑内蒙古市场？"

1991年10月21日，21岁的甘奇志被任命为恩威公司内蒙古办事处主任，带着5000元钱走出总部大门。他先到大商场为自己选了一件150元的西装，穿戴一新，赶往火车站。几乎就在当初举牌自卖的地方，一辆摩托车擦身而过，手里的皮包被夺了过去。摩托车绝尘而去。在同一个地方，同一个人再次变得一无所有，而且欠下了5000元巨额的公款，所有刚刚露出的曙光一下又还原为黑暗。

甘奇志面临两种选择：一，回到公司，禀明情况，但恐怕从此就失去跑销售的机会了；二，向朋友借钱，硬着头皮北上。

他毅然选择了后者，在成都他借到了100元钱；到了兰州，又在兰州办事处借到了800元钱。还掉学校里同学的旧债后，甘奇志两手空空奔赴呼和浩特……

2. 人生希望的冲刺

美丽的内蒙古为什么无人愿意前往？那里是什么样？将遇到些什么？年轻的办事处主任心中毫无概念。抵达办事处，住宿、吃饭、出行完全可以签单了，身无分文的他生活上缓过一口气来；但在市场上，却是两眼一抹黑，除了"一定要卖掉产品挣到钱"的万丈雄心，其余的则是一无所有。

他做了半个月的市场调查，确立了以大医院为主攻方向的销售策略。一般药界同行们通行的做法，是从小药店、小门诊做起，而甘奇志第一次提着"恩威洁尔阴"上门推销，敲开的竟是内蒙古各大医院的领导、自治区医药管理局副局长满贵的办公室。这份"豹子胆"得益于他在恩威的应聘和工作心得：越高层次的人不一定就是越难打交道的人。

经过一番"死缠烂打"，这位出了名的"油盐不进"的副局长，终于被甘奇志的真诚和个人经历打动了，他告诫甘奇志："挣钱后，一定要回学校完成学业。"在这位副局长的帮助下，各大医院的大门被一个初来乍到的营销新手轻而易举地敲开了。第一笔货款到账，提成；再到账，再提成；……甘奇志终于摆脱了债台高筑的日子。

从1991年度，甘奇志在营销业界声名鹊起，恩威公司在内蒙古的销售额直线上升，年终总结会上，他被提升为西北片区小组长。

"桂龙咳喘宁"内蒙古推销员对甘奇志崇拜有加，在详细研究了他的营销模式之后，向"桂龙"老板做了汇报，并邀请他到太原总部一游。这一游，甘奇志又成了桂龙全国销售部经理。他将桂龙销售总部搬到成都。正值成都主治医生下海热，甘奇志广撒英雄帖，大量招聘。下海的主治医生们很快为桂龙打通了各地医药系统的供销渠道。

1992年秋天，甘奇志遵从满贵的叮嘱，回到兰州商学院复读。一位同班的同学见甘奇志呼机在手，皮鞋锃亮，做药品推销发了财，也给大连某制药厂写去自荐信。为了表示自己对药品销售的了解，把同学甘奇志吹嘘了一通。

不料药厂老板对甘奇志大感兴趣，邀请二人一同前往大连。甘奇志被聘为董事长助理兼全国销售公司总经理，全国销售一把抓，个人奖励按销售额的3%提成。甘奇志将销售总部设在兰州，全国的销售员都必须到兰州参加培训。

临近毕业，同班同学实习期间满世界找工作之日，正是甘奇志全国各地马不停蹄地开推广会之时……这一年，甘奇志真正正正挣了大钱，近百万的提成，擦亮了他的自信，也擦亮了他在销售业界的名声。

自信心的膨胀使他感到自己无所不能，毕业后的甘奇志回到成都，投资办厂，而且是与医药领域风马牛不相及的精细化工厂，半年之内，彻底失败，上百万资金亏得干干净净。

时隔近三年，甘奇志又回到了起点。

3. 东山再起

个人创业的念头像春天的野草在内心生长，但他发觉自己所缺的，不仅是资金，最重要的还是经验和素质（这与他四年前坚信自己的素质形成鲜明对比）。1994年上半年，甘奇志又开始四处打工，三个月里干了七家企业的市场调研员或推销员，潜心观摩每一家企业的运营模式。

1994年下半年，甘奇志辞去了工作，注册成立成都普生营销公司，承包市医药物资公司，开始自己真正独立的医药经销之路。

一个完全不具备体制内背景的创业者，在营销领域最容易产生的行为取向就是打破传统，求变求新。甘奇志选择了区域总代理的道路。所对应的，一方面是国家有关部门对医药领域总代理制度的不提倡政策，另一方面是一大帮经济热潮中诞生的中小制药厂，缺乏广设办事处的实力，无奈之中只好选择总代理道路的现实。

随着时间的推移，承包公司的弊端显现。其一，客户关系的维系不敢大手笔大投入，因为承包随时可能被中断，品牌不属于你；其二，员工来来去去跳槽频繁，因为你都是承包的，我在你这里干有什么前途？甘奇志千方百计想收购被承包企业，却不料当不生蛋的鸡变成了天天下金蛋的金母鸡后，主人家早就在盘算如何收回饲养权自己捡金蛋了。

眼看承包期将满，屋漏偏逢在连夜雨，普生营销公司的普生二字悄悄被人抢注，1996年下半年，甘奇志在成都业界面对客户时，居然有了递不出名片的尴尬。

天无绝人之路。1997年，正逢重庆成为直辖市的消息沸沸扬扬的时候，甘奇志断然收购了重庆亚太医药公司和新惠医药公司，重打锣鼓另起灶，全线移师重庆。在重庆，甘奇志又收购了农工民主党旗下一家业绩平平的企业——时珍阁医药科技开发公司的大部分股权。以三家医药公司为"旗舰"，甘奇志提出以医药连锁为主，产业纵深拓展的经营方向。

1998年以来，甘奇志将从前时珍阁名下分散的药店收回来统一包装和管理，然后再一个一个收购一些零散药店加以改造，静静地等待政策门槛的降低。2000年4月，国家经贸委下达批文，同意开办非国有连锁企业，甘奇志拿着这个文件到药监局、卫生局、商委一家家散发，打报告，仍然碰了一鼻子灰。与此同时，国有体制的和平药房和桐君阁却跨栏而出，开始在重庆乃至全国市场星罗棋布地运行起来。

直到2001年4月，甘奇志才拿到时珍阁连锁大药房的"准生证"。尽管一次次的希望和失望冲淡了本该早已到来的喜悦，"时珍阁"上上下下还是开了一个像模像样的庆祝会。甘奇志举杯祝酒，给同仁们打气："就好比我们共同在一场马拉松比赛，裁判让和平药房和桐君阁先跑了1000米才给我们鸣枪。但相比其他民营医药公司，我们是偷跑了100米；而且因为预测到一定要跑，所以我们早就在补营养，做热身运动。在这样的条件下，我们没有理由不赢，没有理由不做到民营医药公司里的头号种子选手……"

岁月的风霜，似乎已经把年轻的甘奇志磨炼成为一个乐观而理性的人，一个事事看见希望，处处谨慎从容的成熟企业家。

4. 一个可以无穷繁殖的活性基因

1998年一年，甘奇志收缩战线，几乎砍掉与医和药不相关的所有项目，下决心全力以赴、独沽一味。时珍阁药业连锁及相关医药产业成为他的重点。而经此周折，他开始对民营企业的先天性局限有了认识。

首先是企业创始人本身的局限。"因为民营企业一开始就是老板本人一手一脚做起来的，造成自己每个细节都很清楚，每个环节都很能干，因此往往太在乎这些细节和环节。就像一个太在乎孩子的父母，永远希望他在自己的视线之内，所以在分权问题上，民营企业就没有国有企业大度。

比如我在公司运作中，早两年往往容易这也不满那也不满，动不动就跳起来亲自插手，一插手就坏了，员工们久而久之形成依赖：反正你会插手，我何必多费心思……"

其次是人才的局限。如何吸引好的人才，留住好的人才？甘奇志推己及人，形成了自己的一套理论："人最大的动力是自己的梦，一个人只有为自己的梦而辛苦，才没有任何怨言。员工也是如此，他到你的公司来，同样是为了实现自己的梦想的道路选择。因此，如果公司的梦和每一个员工的梦能够结合起来，产生的力量是非常大的；反过来，我对公司管理层说的一句话是：最残酷的行为就是打破别人的梦。"

在今天的奇志实业集团和时珍阁控股公司，管人事的不叫人力资源开发部，而叫员工发展规划部。公司的经营理念是：学校、军队、家庭；目标是"助有志者大写人生"。每一个前来公司应聘的人以及在职员工每一年的年终总结，都要有一人书面的"个人生涯规划"。

然后公司结合生涯规划进行个人成长培训，告诉你要达到目标，还需要做到哪些方面，还有哪些不足。因此在他公司，大多数员工都始终很有目标感。

2001年6月底，甘奇志和他的董事会拿出了公司管理层期权股份方案，尽管尚未公布实施，但它对员工心理产生的重要作用是几乎可以预见的：无论从前的功臣还是外来的人才，将会产生从员工到老板、"屁股坐上实凳"上的感觉，员工与公司进一步融为一体。同时，人才的流失率大大降低，因为同行公司猎头的门槛提高了。

对于时珍阁的事业，当所有关闭的大门缓缓开启时，甘奇志发现新世纪的阳光对自己变得温暖起来。对于未来，他说了一句很耐人寻味的话："我很珍惜现有的一切，但不会把它看成唯一；我会自爱，但不会故步自封，企业要发展就必然会有风险，我的年龄令我完全有重来一次、两次的能力；而且我们这个团队所正在形成的核心力量，正是一个可以无穷繁殖的活性基因……"

5. 简析

甘奇志的创业经历，颇有些传奇味道。在这个传奇人物身上，我们看到了当代成功创业者所共有的特质：

一是坚强的意志力。甘奇志的人生道路充满了荆棘和坎坷，从最早的钱被偷走、再次被偷走，到毕业生回到成都投资办厂上百万的资金亏得一干二净，再到跨行业的集团公司上司项目全部泡汤，是坚强的意志力使他顶住了压力，义无反顾地追求自己的理想。

二是积极进取的精神。甘奇志敢于走别人没有走过的路；内蒙古的营商环境落后，无人愿意前往，他主动请缨；医药市场别人从小店做起，甘奇志却志存高远，从上层突破。如果永远跟随别人，就永远不能成功。

尽管后来的创业者无法模仿他的成长，却可以学习他的意志和精神。

第七招

9 招 走 出 创 业 困 局

耳

聪

在各种新事物、新需求不断变化的今天，人们由于工作忙碌，对于身边事物变化的感受逐渐减少了，变得迟钝了。环境的变化，包括自然的更迭、社会的改变和人事的变迁，都是以人的感受力来判断的；没有敏感的能力，外界的变化一概不知，便无法变通，不能改进工作。

对于创业者来说，生意做得越大，越容易将自己困在"象牙塔"内，光是听下属的报告，以及相信销售调查的结果，这种传统的情报获取方式，与现代社会相差甚远。这样的人不配称为"耳聪"。即使已成为功名显赫的成功创业者，也要利用闲暇，牺牲一点点休息时间，经常到街上逛逛，看看时下的市民普遍喜欢什么，又热衷什么活动。

当然，不要忽略留意你的产品是否市民乐于购买。经常与社会接触，随时改善本身的素质，也可以从中参考社会需要，生产出更多受消费者欢迎的产品。从小处着眼，从最不可能的原因查起，往往有令人意想不到的结果。作为一个创业者，绝对不能整天困在办公室里空想，而是要多接触社会，增加见识，开阔赚钱的眼光。

人们的消费能力如何？什么玩意儿在年轻人中流行？什么产品的销量有减无增？……一切一切，包括政治、社会风气、人类出生率的高低、贫富比例等资料，都是创业者需要的信息。再深入地说，其他公司的生产动向，产品质量是否受消费者欢迎；自己公司生产的东西，经过多方面调查得到的结果，也是创业者需要了解的有用信息。

信息之所以重要，是因为它对企业来说有以下作用：

对环境变化无动于衷的创业者，机会来临时仍然懵然不懂，绝对不会有任何成功的机会。正确地把握环境变化，才有适应它的能力产生。如果创业者总是"误认变化"或"错看变化"，盲目地投石问路，犹如"盲人骑瞎马，夜半临深池"般冒险，那离破产也就为时不远了。

社会的变化有时是可怕的，常常严重影响某些产品的销路。创业者对社会变化一定要"胸中有数"，它不是主观预见、随意猜测，而是依据客观规律，借助科学的分析方法，以"历史为镜"的识别之术，驱散疑云和迷雾，达到未然而先知之境界。

创业者还要密切留意社会情报，因为它可以观察到社会的变化，依据社会情报所提示的方向前进，即可以预见到明天的变化，从而为推出新产品争取到最宝贵的时间。例如，在时代进步的今天，机械的普遍使用取代了许多人力，如果明白这是人类的进步的过程，就不会盲目地强求用人力去与机械竞争，做出无谓的损失。

然而，消费者一旦尝过机械化千篇一律的特点后，就会对某些手工的产品重新给予青睐，例如手擀面对切面，散养柴鸡蛋与养鸡场鸡蛋之间的关系。

今天的社会可谓一日三变，创业者只有明白了留意社会变化的目的和道理，并且孜孜不倦地坚持去做，相信如此众多的社会变化足够产生出许多富有远见的创意来。

留神信息，捕捉商机

信息是商机的外衣，是财富的媒人，掌握的信息越多，知道得越细，你就越有成功的把握。

也许你会说："是的，我也知道信息很重要，可我不是间谍，怎么可能搜集到信息呢?"其实,你错了。用你的两眼、两耳和一张嘴巴也能够得到重要的信息的。你的朋友、你的竞争对手,报纸、杂志、广播电视……都会有大量信息随时随地地提供给你做参考;食堂、酒会、产品展示会、咖啡屋……都能成为信息的源泉。实际生活中处处充满着信息,善于观察生活的人,总能找到发财的机遇。也就是说,只要对信息的敏感性强,就能捕捉到有用的信息。

敏感性源于善思考、善联系、善挖掘.透过信息的面纱来感知隐含着对自己有用的内容。好比在荒原上寻宝,宝不可能明摆在你的面前,要通过它表面的异常表现(信息),才能判断出宝可能就在下面,然后把它挖出来。如果非要等到眼睛直接看到宝才弯腰去捡,那几乎没有可能,大量的信息都会从你身边溜过,而你与它却无缘。

有一年,天文台预报我国境内广大地区将会看到百年不遇的日全食,报纸刊登了这个消息,并告诫人们用肉眼直接观察会损害视力。许多人看到这条消息都没太在意,而沈阳一家小厂却据此作出决策,迅速研制生产了一种简单、实用、价廉的日食观察片,投放市场后大获成功。这家工厂对信息可谓敏感。

天津市的一位专家在德国考察引进项目时,获悉该国"能达普"摩托车厂因倒闭而决定出卖的信息。我方专家意欲购买,但须回国请示研究,于是告诉德方:一周内答复。随即飞回请示。

就在天津市政府拍板同意购买且时间仅过4天,从德国传来了已被伊朗人抢先一步签订合同的信息,同时获悉:合同规定,伊方的付款限期为一个月,逾期合同即失效。根据这一信息,为了争取可能出现的偶然因素,天津市派出了代表团"守株待兔"。果然,伊朗人因筹款困难超过了付款期限,我方终于利用信息重获机会购买了"能达普"厂。

上述种种事例,都集在反映和表明了在现代市场经济中,企业经营的一条"真理"——信息之中有取之不尽的财富,信息之中有滚滚"黄金",创业者必须高度重视信息，依靠信息决策和策划，利用信息经营、发展、创新。

新闻媒体上的信息

据日本的一项调查表明，日本的公司对他们国家的报纸的利用超过了对其他任何单独一种信息资源的利用，因为日本的商业报纸比世界其他国家的报纸都有更多的、更深入的信息报道。但是应该要注意的是，许多报纸并不报道事件的全文。例如，路透社发布信息时，往往根据版面需要进行裁剪。新闻事件与专题报道不同，对新闻报道的裁剪通常从信息的最后部分开始。

因此，如果你读到报上一篇文章，该文章引起你的兴趣，其来源是通讯社或其他家报纸，你应找到原文，否则你可能失去一些重要的信息。报纸的一大好处是大多数文章都可以通过在线（on-line）数据库得到，报纸允许数据库复制其报道，并向其他用户扩散。

由于文章在电子数据库内，你可以通过公司名称、产品名称、人名或其他关键词或术语查询。电脑查询速度很快，你可以立即得到。当然一篇报纸文章从报纸到数字化进入数据库可能有几天乃至几周的时差，如果是杂志，时差就会更大。

有时，最好的信息源是行业杂志。在这些刊物上发表的文章总是比一般的报纸杂志发表的东西重点更突出，许多是由企业管理者或是你的竞争对手写的。毫无疑问，专业出版物上的文章不会有意泄露行业秘密，但它可能讲述一些你不知道的其他公司的现行项目或产品。你可能从中发现一些报纸上没有的有价值的东西。由于文章的作者对公司十分了解，信息常常是准确可靠的。

电视讲话和新闻访谈也是重要的情报来源，这些信息资源转瞬即逝，应注意跟踪。不要指望通过一两个渠道就可以获得有关竞争对手的所有资料。你的工作是通过各种渠道搜集线索，然后在它们上面补充、加强和扩展。

招聘广告也是情报的一个来源。定期搜集分析竞争对手的招聘广告或许可以得到许多有用的情报。美国微波通讯公司在宣布它将提供电子邮寄服务的几个月之前曾刊登招聘广告，招聘该项服务所需要的数据通信方面的技术专家和工程师。通过广告分析，可以在该公司正式推出电子邮寄服务之前数月推断出其业务发展方向。

新闻媒体值得注意的另一方面的是，企业信息不只出现在新闻部分或专栏部分，也可能出现在报纸或杂志的其他版面，如分类广告。零售商往往长期研究竞争对手的广告，以了解对手正在促销什么产品以及产品的价格，零售店老板可以每天密切跟踪其对手的广告。

国内外对企业、经营环境提供大量信息的出版物主要是财经出版物，下面我们简单做一介绍。

1. 国内报纸

国内较好的财经类报纸有：中国证券报、上海证券报、证券时报、经济日报、中国经营报、期货导报、中国消费者报、信息时报、经济参考报、信息产业报、国际商报、中国贸易报、中国经济信息导报、投资导报等等。

如果要了解中国上市公司的资料，中国证券报、上海证券报、证券时报必不可少，因为上市公司的年报、中报和其他规定公布的重要信息，都必须在它们三家中的一家上面公布。

2. 国外较有影响的报刊

（1）《商业周刊》。该杂志由美国华尔街日报社出版，其文章重要性超过华尔街日报，覆盖所有行业。其公司背景报道是写得最好和最有价值的。其读者层次是具有一定水平的工商界人员。

（2）《财富》。美国出版的商业杂志，对跨国公司的经营情况有大量的报道，常有讨论企业家背景的文章。

（3）《经济学家》。英国出版的国际商业性杂志。文章对象是世界地区组织而不是以商业为主题的组织，出版商给读者一种世界观念的感觉。年度专刊讨论地区或国家以及重要的国际商务主题，如计算机网络、战略联盟、跨国公司等。

（4）《纽约时报》。美国工商界发行的第二大报纸，其擅长对公司做出深度的报道，值得每天关注。

（5）《华尔街时报》。美国工商信息最有影响的报纸之一，比其他任何报纸提供更持续、更准确地公司情报的报道。

（6）《经济学家情报单位》。该刊物由英国经济学家报业集团主办，在该总题目下面有针对世界各国情报的专刊。其有关中国的专刊包括：国家预测、国家报告、国家风险服务、海外投资许可证与贸易条件、海外经营融资、中国基础设施、中国消费市场营销，以及如何在上海经营、如何在北京和天津经营、东北漫游、如何在广东经营等专题。

该报业集团办的《中国经营》提供大量有关中国的经济信息和分析报道，对我国企业国内竞争具有指导作用。它的栏目包括：公司战略（中国公司和在华投资的外国公司）、经济政治趋势、法律变化、产业监测、财务指标等。

3. 其他出版物

企业公司名录（电话黄页）。列出了公司的名称、地址、电话。

到互联网上"淘金"

互联网是目前获取信息的最新工具，任何生意的竞争情报项目，互联网都是最重要的信息来源。

互联网通过网络把亿万人联系在一起。过去几年，个人和公司都通过信息提供商加入了互联网。一旦你加入了互联网，你就可以用它上网检索各种信息资料，和网上的任何人交流信息，或者通过它分析所需的信息。因此，互联网实际上把世界上几乎所有国家，无数的企业和个人联系起来。可以这样说，互联网上的原始电子信息比其他任何形式存在的信息都更多，这些电子信息里面，有很多内容就是我们所需要的情报。

互联网的特征是容易进入，查询速度快，数据容量大，同其他资源链接方便。在互联网上，你要查找的东西，只要网上有，几乎可以立即得到。某家银行的经理急需一篇在国外某报纸当天发表的有关某公司的文章，他通过该报社的网页，不但发现了那篇文章而且可以免费下载，并通过该网址的超文本链接（将一个文档中的关键词同其他文档的关键词链接的功能），发现了更多有关该公司的信息。

互联网的发展使信息搜集变得容易，从而大大推动了情报的发展。过去，要搜集所需情报需要耗费大量的时间，奔走很多地方。今天，研究人员坐在计算机前便能轻松地获得大量有关顾客、供应商和竞争对手的信息，许多宝贵的信息都是他们所要研究的公司免费的、甚至是迫不及待地送上互联网的。

在互联网上，你只要利用好搜索引擎，你就可能找到你所需要的答案。比如，及时了解政府规章的变化是你竞争情报的一项重要内容，从网上你可以得到有关法律和规章的全文。从网上获取这些资料比上图书馆查找还要方便得多。

如果你想要了解某些信息的具体细节，在图书馆中查找效率很低。如果你利用互联网查，利用搜索引擎检索，查询工作将变得非常简单。你只要在较大的信息网的搜索引擎上，打入需要查寻的关键字，电脑就自动帮你找出来，你可以获得包含该条文的原始文件的全文。

值得注意的是，互联网在提供大量信息的同时，也夹杂了许多过时的、无效的或虚假的信息。因此，在互联网上查找信息，需要学会去伪存真，沙里淘金。

市场调查不可少

市场调查是企业取得第一手信息的一个重要工具。市场调查可以由创业者自身完成，亦可委托专业公司进行。

前面所分析的市场信息都是二手资料，来自其他机构或媒体，但在生意经营的过程中，仅仅利用二手资料是不够的。利用二手资料所具有的优点是便利，但其缺点也是明显的，比如针对性不强，很多时候二手资料不大适合你的需要。

另外，二手资料时效性不强，有的二手资料可能是半年或几年之前的，这样的资料往往与目前的实际情况相比有了很大的偏差。为了克服二手资料的这些问题，创业者往往还需要对市场进行实地的调查。

比如，你打算在你所在的小城市另一头开一家以年轻人为对象的音乐唱片分店。通过政府的人口资料，你知道小城市的总人口为10万，其中13～30岁的年轻人占30%。但是，政府的人口资料中没有更详细的资料，比如其中有多少音乐爱好者，多少人喜欢古典音乐，多少人喜欢流行音乐，多少比例的人有唱片的播放设备，他们愿意每月花多少钱买唱片等等。要详细了解这些对你很重要的信息就需要做市场调查。

市场调查是收集信息、完善市场分析的过程，市场调查的重点是要从创业计划的角度来了解潜在顾客的需求。对二手数据的收集也包括在广义的市场调查范围之内，但这里主要介绍实地市场调查的一般做法。实地市场调查的一般形式如下：

1. 个人采访

个人采访的优点是直接反映被采访者的感受，只要采访的方式适当，一般都能得到比较真实的情况。但个人采访的弱点在于耗费的时间和资金可能比较多，成本比较高；一定比例的被采访者可能会因心理的或其他的原因对问题做出不切实际的回答。

2. 电话调查

电话调查是使用频率很高的一种调查方法，联系起来既快又容易。与面对面的个人采访相比，一般人更愿意通过电话回答陌生人的问题。电话采访的不利之处也是明显的。首先，很容易被拒绝，很多人不愿意在电话里被打扰。其次，电话调查无法利用其他有形的辅助工具，比如产品的外观照片等。再次，电话调查也是有成本的，对外地顾客进行调查的电话费用就很高。在做电话调查时，特别要注意的问题是，措辞一定要委婉，语气要温和，不怕被拒绝。

3. 直接信件调查

直接信件调查一般都采用标准化问卷，调查问卷必须简短明快，要求易于填写（3分钟以内），采用无记名式，这样才会取得较好的回复率。直接信件调查可以有效地排除被采访者的偏见。一般情况下，直接信件调查比个人采访和电话采访成本低，但其主要缺点是回复率低，常常低于10%。

根据经验，有些做法可以有效地提高直接信件调查回复率，这样的做法包括：在问卷包装上直接署上被采访者的姓名；对回复者提供奖励，或奖励的可能，比如抽奖等；在问卷中附上留有回复地址并贴有邮票的信封；在问卷寄出一周后，再寄出一份明信片，以此来提醒被采访者回复；还可以利用电话请求被采访者回复。

在所有这些调查过程中，几乎都涉及对调查问题或问卷的设计。设计一份成功的问卷是一门艺术，问卷没有成型的模式可资利用，但有一些公认的原则。首先要注意的问题是：

·明确调查目的。你到底最需要知道的是什么（例如，人们可接受的产品价格大约在多少，或者人们购买的频率如何）？

·为了所需信息，选择潜在的目标顾客群作为调查对象（例如，调查有关婴儿尿布的新产品，年轻的妈妈就是最佳选择）。

·采取什么方式进行调查（例如，是个人采访，还是邮件调查）？

只有当上述问题解决之后，才能开始问卷的设计。问卷设计过程应遵循以下6条简单原则：

①问题数量尽可能少。

②问题要尽量简单，回答方式也要简明，比如选项应该为同意／不同意／不知道／其他4个备选答案。

③避免含糊用语，确保答卷人真正理解问题并能通过选项做出准确地反映（不要使用"一般""通常""经常"等词语）。

④要求事实性答案，最好要避免询问一般的意见。

⑤在问卷的开始部分设计过滤性问题，排除不适合的答卷人（例如，从未使用过某种产品的人）。

⑥在开头或结尾处设计几个问题来辨别被采访者的一般背景（比如性别、职业、年龄段等）。

一般来说，经过这样的市场调查之后，你就会获得有关行业市场的直接数据，通过对这些数据进行详尽的分析，一般就会对自己的生意计划有更为全面的看法。根据经验，经过市场调查再着手的生意活动，成功的可能性要高得多。

其实在公司一般的营销过程中，市场调查都是很重要的活动。很多企业家都认为，市场调查是一种营销手段，更是一种竞争利器，是营造竞争优势的基础。美国和日本的著名公司都很重视市场调查。从商业实践活动来看，他们的市场调查甚至达到极其详尽的程度。有位营销专家在书中提到了美国与日本的市场调查，他说：

　　"在美国，像每个人每月平均吃几个汉堡包、几个热狗、几个鸡蛋、几公斤酸奶酪、几公斤花生酱这样的事情；像美国人通常每天花几分钟做饭、几分钟吃饭，每年花几美元买解酸剂帮助消化这样的事情；像婴儿平均每天要换几次尿片这样的事情；像美国喜欢用方形手纸还是圆形手纸这样的事情，有关调查机构和企业都有详尽的数据。他们甚至还知道：美国平均每天有多少人头痛，平均每人每年擦多少次鼻涕。

　　"爱博特实验室发现，每4个美国人中就有一个人有头垢问题。普罗克—甘布尔公司为了弄清楚人们是否把卫生纸叠起来用，还曾进行过'秘密'调查。

　　"请不要忽视以上这些包括消费者个人也无从知晓的小资料，它们在竞争中有时会导致制造商研究设计生产出更好的产品。例如，柯达公司的调研人员了解到，业余摄影爱好者一年拍坏的照片达20亿张以上。他们决定亲自看看亿万张拍坏的照片。

　　"这种调查为柯达公司的'傻瓜'相机提供了好几种设想。新设计的相机，由于容易对准聚焦，使模糊不清和曝光不足的照片减少了一半，因而成为柯达公司有史以来最成功的产品之一。再如，美国的牙膏制造商，通过调查掌握了大量的第一手资料：消费者喜欢蓝色牙膏；使用同一把牙刷超过半年的人只占人口总数的37%；有47%的人是先用水刷牙刷，然后往牙刷上挤牙膏；有15%的人是先把牙膏挤在牙刷上，然后蘸水；有14%的人挤牙膏前后，都不用水涮牙刷。

　　"调研人员还发现：有许多美国人，特别是儿童，刷牙不愿挤牙膏，嫌费事。据此，牙膏制造商专门设计生产了一种—按就会出牙膏的'按钮式'牙膏，满足了消费者的要求，在市场上获得了极大成功。

　　"生产吸尘器的胡佛公司，为了弄清楚一个家庭每周要花多少时间来打扫屋子，就在某种型号的吸尘器上装上'定时器'，用这种吸尘器换回顾客手中的吸尘器，从而了解到人们一周用吸尘器打扫房间的时间是35分钟，平均每个家庭用吸尘器一年吸走了3公斤灰尘，需用6只盛灰尘的袋子。

"还有一个十分有趣的发现：对被调查的人，应该是'观其行'而不是'听其言'。例如，美国人总是对调研人员说洗发剂最重要的是能够把头发洗干净。可是，当调研人员把货样拿给他们时，他们又总是首先要闻一闻有没有香味儿。这'有没有香味儿'便成了调研人员的'意外收获'。

"日本厂商对市场调查的'细致'程度比起美国的厂商来，更是'有过之而无不及'。例如，30多年前日本厂商把中国电视机市场情况摸了个'透'：中国电压系统与日本的不同，必须将110伏改为220伏；中国某些地区电力不足，电视机须有稳压装置；为适应中国人的消费习惯，电视机耗电要低，音量却要高；电视频道要适应中国的情况；根据中国居民住房情况，电视机应以12～18英寸为主；要提供质量保证和维修服务。

"此外，对定价策略、销售渠道、广告宣传等，也都做了详细的策划。他们通过周密过细的市场调查先行一步，走在了欧美厂商的前头，迅速占领了中国的电视机市场，获得了巨额利润。

"再让我们看看日本设计公司怎样先了解顾客，然后才设计产品的又一个实例。日本一家设计公司受委托研制供应美国市场的摩托车。在美国，'哈雷'摩托车向来是这类个性化摩托车的'龙头'。如果要把'最喜欢把手耸起、坐垫有靠背、耀武扬威般地风驰在高速公路上的、被称为魔鬼天使的人'当顾客，就须先了解这类人的生活、他们的喜好、他们对车的感情、甚至他们的喜怒哀乐以及生活哲学，并和他们成为好朋友。

"于是，日本设计师和他们一起骑车、聊天、喝啤酒……得到他们的同意，拍成录像带寄回日本总公司。接着，总公司的设计人员也被派到美国实地了解这种摩托车和使用环境，然后才进行设计符合他们需要的这种摩托车。

"如今，'周密细致的市场调查、细节实施的一丝不苟'已成为日本厂商推出产品的一种模式。最令人感兴趣的是日本一个名为'电脑及激光身体度量车队'所进行的调查。他耗资数百万美元，横越日本全国，进行'人体尺码普查'。

"因为未来，从火车扶手到马桶坐垫，都要从'人体尺码普查'的资料中找出最佳尺码。为此，需花两年时间、从5万人身上收集人体180个部位的各种数据，甚至连男人的大脚趾平均有多厚，女人的鼻子平均有多高，都要无一例外地找出答案。这些资料除供官方制定有关标准使用外，还供企业新产品开发时参考。

"令人惊奇的是，如此庞大众多的人体尺码数据，每个被查人员只用10秒钟就能完成。接受量度的人需穿一套特制内衣，即可从先进的'激光量度仪'上尽显全身尺码。堪称'科学至极'！日本相关业内人士说：'这是全球有史以来规模最大的人体尺码普查工作。'这项普查资料，数字准确无误，用途广大，极其珍贵。"

美国和日本公司的这些做法对创业者们的启示是：在生产经营中，市场调查不可忽视。

获取竞争对手情报的途径

查询政府部门的资料是创业者获取竞争对手情报的一个重要途径。英国竞争情报专家戈登在其《击败对手》一书中举了这么一个例子：石化产业的一家公司为了了解某一个竞争对手的生产方法和生产能力，根据信息自由法向环保部门提出查询申请，因此获得了其竞争对手废水排放的信息，根据对这一信息的分析，该公司了解了竞争对手的作业方式。

虽然我国政府部门过去长期以来注重制定计划，然后要求下面的公司执行，很少考虑如何为企业服务，不太重视调查研究，因此掌握的信息比较少。但这种情况正在发生改变，政府部门正逐渐成为重要的信息资源。

创业者要通过公开的信息了解有关竞争对手公司的信息，第一步可查看各级政府部门的资料，全国的、省市的以及地方的。我国各级政府一般都掌握有大中型国有企业的材料，原外经贸委掌握有外商投资企业、合资企业的资料。

成立公司一般都需要在各级工商局注册，领取营业执照，因此各级工商局都保存有注册公司的名称、住所、法定代表人、注册资本、分公司的名称、营业场所、负责人、经营范围诸多方面的资料。这些都是公开的资料，告诉你公司的拥有者，公司的地址，公司是否是另一家公司的分支机构等。

政府统计部门的资料中有有关产业的统计数据，包括详尽的库存情况、生产情况和需求情况。虽然这些资料并没有提供具体公司的名称，但它们提供了市场上竞争公司的数量、产量、总销售等诸多信息。如果创业者能利用这些资料做进一步分析研究，就可能会获得有关竞争对手的一些数据，如根据它的生产情况推测它的市场占有率等。

大多数全国性的文件具有行业特征。例如，食品公司要向卫生防疫部门提供卫生文件，国际贸易公司要在外经贸部门注册等。怎样知道哪些机构管理哪些产业？怎样知道哪些产业要求提交哪些文件？

如果是你自己的产业，你对这些情况当然已十分清楚。如果是其他行业，你可以根据上面提到的情形推断，也可以让公司里的情报人员做一番调查，或者到有关产业从事咨询工作的咨询专家那里咨询。同时，你还得设想获取档案的方法。你应该了解，哪些档案是公开的，哪些是非公开的。

地方档案中最有用的一种是建筑许可，这些档案可以告诉你：你的竞争对手有什么新的发展动向。绝大多数的发展商都通过跟踪建筑许可的情况来跟踪了解他们的竞争对手的情况。申请建筑许可时，申请人需要提交选址计划、下水道、电气设施等详细信息。建筑许可在规划局可以查询到。

美国《建筑发展》杂志谈到了美国建筑公司怎样利用情报搜集服务机构

来为投标工作服务的，这些服务机构梳理所有的建筑和区域许可，确认拟建工程的企业名称，列出潜在的工程和它们的具体要求，掌握了这些信息的竞标企业在投标时中标率大大提高。

另外，美国国际贸易委员会（Intemational Trade Administra-tion）和美国国务院的网址都有许多世界各国公司的经济信息资料。如果你要了解俄罗斯或东南亚的经济环境，基本的信息资料都可以从它们的网上找到。美国国际贸易委员会归美国商务部管辖，它的主要任务是调查、研究进口对美国商业的影响。它不负责对具体公司情况的调查，但它调查范围很广，包括产业、商品和国家。如果你所在的产业被列入调查范围，你的目标公司的信息就可能在它的调查报告之中。

破局

第八招

9 招 走 出 创 业 困 局

嘴

甜

古人云："一言以兴邦，一言以丧邦"，足见"说话"有多么大的力量！

对于身处商场的创业者们来说，成天处在与人交涉与沟通之中，会不会"说话"在很大程度上决定了他企业的成败。

和重要人物"套近乎"

在许多商界巨子的创业路上，常常会出现一个相似的经历——有"贵人"扶上马，送一程。作为在创业路上摸索前进的你，每时每刻都希望出现有此类"贵人"出现在自己面前，帮你解决资金、市场、技术或其他制约事业发展的瓶颈问题。然而，当"贵人"真正出现在你面前时，你能把握住吗？"贵人"生活的圈子与自己不同，如何在初次见面时与他"套近乎"？

下面，我们将介绍一些快速与人"套近乎"的诀窍。

1. 多说平常的语言

著名作家丁·马菲说过："尽量不说意义深远及新奇的话语，而以身旁的琐事为话题作开端，是促进人际关系成功的钥匙。"

一味用令人咋舌与吃惊的话，容易使人产生华而不实、锋芒毕露的感觉。受人爱戴与信赖的人，大多并不属于才情焕发，以惊人之语博得他人喜爱的人。

尤其对于一个初识者，最好不要刻意显出自己的显赫，宁可让对方认为你是个善良的普通人。因为一开始你就不能与他人处于共同的基础上，对方很难对你产生好感。如果你摆出一副超人一等的样子，别人也会用同样的态度对待你。

2. 了解对方的兴趣爱好

初次见面的人，如果能用心了解与利用对方的兴趣爱好，就能缩短双方的距离，而且加深给对方的好感。例如，和中老年人谈健康长寿，和少妇谈孩子和减肥以及大家共同关心的宠物等。即使对自己不太了解的人，也可以谈谈新闻、书籍等话题，这些都能在短时间内给对方留下深刻的印象。

3. 了解对方所期待的评价

心理学家认为，人是这样一种动物，他们往往不满足自己的现状，然而又无法加以改变，因此只能各自持有一种幻想中的形象或期待中的盼望。他们在人际交往中，非常希望他人对自己的评价是好的，比如胖人希望看起来瘦一些，老人愿意显得年轻些，急欲提拔的人期待实现的一天。

4. 引导对方谈得意之事

任何人都有自鸣得意的事情。但是，再得意、再自傲的事情，如果没有他人的询问，自己说起来也无兴致。因此，你若能恰到好处地提出一些问题，定使他心喜，并敞开心扉畅所欲言，你与他的关系也会融洽起来。

5. 坐在对方的身边

面对面与陌生人谈话，确实很紧张，如果坐在对方的身边。自然会比较自在，既不用一直凝视对方，也避免了不必要的紧张感，而且会很快亲近起来。

6. 以笑声支援对方

做个忠实的听众，适时地反映情绪，可以使对方摈弃陌生感、紧张感，从而发现自己的长处。尤其要发挥笑的作用，即使对方说的笑话并不很好笑，也应以笑声支援，产生的效果或许会让你大吃一惊，因为，双方同时笑起来，无形之中产生了亲密友人一样的气氛。

7. 表现出自己关心对方

表现自己关心对方，必然能赢得对方的好感。在招待他人或是主动邀请他人见面时，事先应该多少搜集对方的资料。这不仅是一种礼貌，而且可以满足他人的自尊，使他感受到你的诚意和热忱。

记住对方说过的话，事后再提出来当话题，也是表示关心的做法之一。尤其是兴趣、嗜好、梦想等，对对方来说，是最重要、最有趣的事情。一旦提出来做话题，对方一定觉得愉快。

8. 注意自己的表情

人的心灵深处的想法，都会形之于外，在表情上显露无遗。一般人在到达约会场所时，往往只检查领带正不正、头发乱不乱的问题，却忽略了"表情"的重要性。如果留给初见面的人一个好印象，不妨照照镜子，谨慎地检查一下自己的脸部表情是否和平常不一样，过分紧张的话，最好先对着镜子中的自己练上一番微笑。

9. 找出自己与对方的共同点

任何人都有这样一种心理特征，比如，同一故乡或同一母校的人，往往不知不觉地因同伴意识、同族意识而亲密地联结在一起，同乡会、校友会的产生正是如此。若是女性，也常因发型、爱好相同产生共鸣。

如果你想得到对方的好感，利用此种方法，找出与对方拥有的某种共同点，即使是初次见面，无形之中也会涌起亲切感。一旦拉近了心理的距离，双方很容易推心置腹。

10. 记住对方"特别的日子"

当你得知对方的结婚纪念日、生日时，要一一记下来，到了那天，打电话以示祝贺，虽然只是一个电话，给予对方的印象却很强烈。尤其是本人都常忘记的纪念日，一旦由他人提起，心中的喜悦是难以形容的。

11. 直呼对方的名字

我们都习惯在比较亲密的人之间才只称呼名字。连名带姓地呼叫对方，表示不想与他人太过亲密的心理，所以，不带姓直呼对方的名字，可以缩短心理的距离，获得意想不到的效果。

12. 先征求对方的意见

不论做任何事情，事先征求对方的意见，都是尊重对方的表示。在处理某一件事中，将选择权让给对方，也就是尊重对方的表示。而且，不论是谁，都希望得到他人的尊重，决不会因此不高兴或不耐烦。

13. 选择让对方家人高兴的礼物

俗话说："射人先射马"，馈赠礼物时，与其选择对方喜欢的礼物，倒不如选择他的家人喜欢的礼物。哪怕是一件小小的礼物给对方的妻子，她对你的态度就会改变，而收到礼物的孩子们更会把你当成亲密的朋友，你将得到全家人对你的欢迎。

14. 留给对方无意识的动作

初次见面的场合中，如果有一方想结束话题，往往会有看手表等对方不易察觉的无意识动作。因此，当你看到交谈的对方突然焦躁地看着手表，或者望着天空询问现在的时刻，就应该早结束话题，让对方明了你不是一个毫无头脑的人。你清楚并尊重他的想法，必能留给对方一个美好的印象。

15. 避免否定对方的行为

初次见面是建立良好人际关系的重要时期，在这种场合，对方往往不能冷静地听取意见、建议并加以判断，而且容易产生反感。同时，初次见面的对象有时也会恐惧他人提出细微的问题来否定其观点，因此，初见面应当尽量避免有否定对方的行为出现，这样才能形成紧密的人际关系。

谈话间轻松搞定对方

商业交往不是生硬古板的别名，其实，我们大可开个得体的玩笑，松弛神经，活跃气氛，创造出一个适于交际的轻松愉快的氛围，因而诙谐的人常能受到人们的欢迎和喜爱。但是，玩笑开得不好，则适得其反，伤害感情，因此开玩笑要掌握分寸。

1. 内容要高雅

笑料的内容取决于开玩笑者的思想情趣与文化修养。内容健康、格调高雅的笑料，不仅给对方以启迪和精神的享受，也是对自己美好形象的有力塑造。

2. 态度要友善

与人为善是开玩笑的一个原则。开玩笑的过程，是感情互相交流传递的过程，如果借着开玩笑对别人冷嘲热讽，发泄内心厌恶、不满的感情，那么除非是傻瓜才识不破。也许有些人不如你口齿伶俐，表面上你占到上风，但别人会认为你不能尊重他人，从而不愿与你交往。

3. 行为要适度

开玩笑除了可借助语言外，有时也可以通过行为动作来逗别人发笑。

4. 对象要区别

同样一个玩笑，能对甲开，不一定能对乙开。人的身份、性格、心情不同，对玩笑的承受能力也不同。

一般来说，后辈不宜同前辈开玩笑；下级不宜同上级开玩笑；男性不宜同女性开玩笑。在同辈人之间开玩笑，则要掌握对方的性格特征与情绪信息。

对方性格外向，能宽容忍耐，玩笑稍微过大也能得到谅解。对方性格内向，喜欢琢磨言外之意，开玩笑就应慎重。对方尽管平时生性开朗，但如恰好碰上不愉快或伤心事，就不能随便与之开玩笑。相反，对方性格内向，但正好喜事临门，此时与他开个玩笑，效果会出乎意料地好。

5. 场合要分清

总的来说，在庄重严肃的场合不宜开玩笑，否则极易引起误会。

6. 必要的忌讳

（1）和长辈、晚辈开玩笑忌轻佻放肆，特别是忌谈男女事情。几辈同堂时的玩笑要高雅、机智、幽默、解颐助兴、乐在其中。在这种场合，忌谈男女风流韵事。当同辈人开这方面的玩笑时，自己以长辈或晚辈身份在场时，最好不要掺言，只若无其事地旁听就是。

（2）异性商业伙伴单独相处时忌开玩笑。哪怕是开正经的玩笑，也往往会引起对方反感，或者会引起旁人的猜测非议。

（3）和残疾人开玩笑，注意避讳。人人都怕别人用自己的短处开玩笑，残疾人尤其如此。俗话说，不要当着和尚骂秃儿，癞子面前不谈灯泡。

（4）朋友陪客时，忌和朋友开玩笑。人家已有共同的话题，已经酿成和谐融洽的气氛，如果你突然介入与之玩笑，转移人家的注意力，打断人家的话题，破坏谈话的雅兴。

与顾客打招呼的艺术

有许多创业者，在创业之初实际上同时扮演着老板和打工仔这两个角色。这就要求老板需要有直接与顾客打交道的良好能力。顾客一进门，售货员（老板）就面临着应不应该向顾客打招呼、在什么时候、用什么方式打招呼的问题。这应该注意以下几点。

1. 分析顾客的不同目的

有专程而来的顾客：她知道这里有A卖而来买A的；有的是要买A，而同时来这里看看有没有卖B的。对这些顾客，售货员都应主动迎上前去打招呼。也有来逛逛的顾客，他们抱着有合适的东西就买，没有合适的就不买的心理。

对这种顾客，不要主动地迎上去打招呼，如果对这样的顾客一进门就笑脸相迎，问这问那，反而会使顾客感到不自在。我们说，优质服务应该热情，但热情服务并不一定就等于优质服务。不恰当的热情会变成"笑脸驱赶"。

2. 掌握恰当的时间

向顾客打招呼是一门艺术，微妙之处就在于掌握得恰到好处。招呼早了令顾客尴尬，招呼晚了则怠慢了顾客。有的商业大厦制定了条例，对售货员应该在什么时候主动打招呼作了明文规定，如：当顾客在柜台边停留时；当顾客在柜台前慢步寻找商品时；当顾客抚摸商品时；当售货员和顾客目光相遇时；当顾客之间在议论商品时。这些时候都是与顾客打招呼的良好时机。

3. 运用不同的句式

比如，我们常常可以听到售货员说的第一句话是："您要干什么？""您要什么？""您要买什么？""您要看什么？"上述问话中，第一种极不礼貌，含审问口气；第二种有乞讨意味，也不妥；第三种一下子就把双方置于买卖关系之中，使人际关系稍有紧张；第四种问话最得体：一是您要看什么，我就给您拿什么，尊重顾客；二是问您看什么，并不强迫您买，顾客没有什么心理负担。

把商品介绍得人见人爱

商品在品质、品种、等级、规格、花型、色泽、款式等方面都有不同，即便是鲜活商品还有老嫩、死活的差别，所以售货员不能事无巨细、面面俱到地介绍，而应根据不同商品、不同顾客做重点介绍。具体说也应做到三点：

首先，根据不同的商品特点来介绍。

例如，商品按购买方式的不同，可分为日用商品、选购商品和特殊商品。日用商品一般价格低、消耗快，不需挑选。人们对商标、厂家没有特殊偏爱，通常就近购买，属于习惯性购买。这时售货员不必详细介绍商品，而应该迅速取货算账，并最好记住常来顾客常买的东西，这样，顾客一进门，就招呼说："您来了，是买酱油吗？"这会使顾客心里感到热乎乎的。

选购商品一般价格比较高，顾客对其价格、质量和样式较重视，但常凭感觉、气氛购买，或者是看中了商品的某一优点，或者是听了别人的某句介绍，或者是看到大家买，也就跟着买，属冲动性购买。这时售货员要抓住顾客的瞬间心理，在对商品价格、质量、式样或行情的介绍上做文章。

特殊商品是一些为了满足消费者的某些特殊偏爱的高档的商品。顾客对商标、厂家和商品的使用性能有较多的知识，在购买前一般都有预定的计划，属计划性购买。这时介绍要细致，服务要周到，明知顾客不买也要热情耐心地介绍，这样才能为顾客以后来买打下基础。

再如商品按其经济周期，又可分为试销商品、畅销商品和滞销商品，售货员对不同类型商品的介绍也不应一样。对试销商品，要突出其"新"，并宣传这个厂家的其他优质产品，以名牌产品带动新产品。对畅销商品要介绍畅销的行情，突出本商品的商标和厂牌，树立商品和企业的市场形象。滞销商品则应突出介绍其价格低廉，主要吸取那些寻求廉价商品的顾客。

其次，针对顾客的固有心理来介绍。

固有心理是由人们的年龄、性别、职业、阶层、民族等诸多要素的影响所形成的较为稳定的心理特征。如年轻人的好奇心理，老年人的恋旧心理；女同志重价钱，男同志重质量；同是女青年，青年女工好艳丽，知识分子重淡雅……这些心理都可左右顾客决定买与不买。

售货员话说得好，就能使本来就想买的顾客坚定其信心，使本来还犹豫的顾客作出买的决定；如果话说得不好，就会产生相反的结果。如向年轻人卖衣服，就应突出其款式新颖，可以介绍"这是今年才流行的最新式样"；对老年人，则应介绍其质地坚固、做工精细，说"这是名牌产品，老字号，十多年来一直非常畅销"。如果向老年人介绍其样式新颖，顾客可能掉头而去。

再次，抓住顾客的瞬间心理来介绍。

人们不但会因为年龄、职业、阶层、民族等因素而形成固定的心理品性，而且会因具体的时、空、人、事等因素产生瞬间心理，它也会导致顾客突然改变购物决定。售货员说话必须抓住这种心理，方法有以下几种类型：

提醒顾客注意某个时间、事情，如："您看，这是一种智力玩具。今天是儿童节，不买一件回家吗？"

对外地的顾客说："这是我们这里的特产，远近闻名。您出差来一趟不容易，带点回去吧。"

分析顾客的特点说："您这么高大的身材，穿这件衣服太紧巴了，颜色也老气了些，您看那件，怎么样？"

鼓动顾客的积极性。如某件商品有很多人买，旁边的顾客心里都会想："他们在买什么呀？可能是好东西！"这时售货员不妨抓住这种心理，称赞已购买这种商品的顾客有眼光，真的识货，把周围的顾客吸引过来。这种方法对女顾客特别奏效。

让买卖成交的说话原则

经商做生意，口才起着重要的作用。对于创业者来说，怎样训练推销口才是十分重要的。针对这一点，业内人士指出如下一些原则，将有利于你的推销。

其一，要设身处地地为顾客着想，说话速度以每分钟120字为宜。摒弃推销员滔滔畅言的习性；尽量回避单刀直入的商谈；以质疑方式探寻想知道的内容；设法帮助顾客解决其困扰。

其二，要直陈主题，有理有据，有产品样本、说明书做自己的证明物；谈话要紧扣主题，表达完自己的意思后即听对方的意见，以防言多有失；一般不急于表达自己内心的目的；了解对方的大致情况，最好交谈时常提及一些，使别人感到亲切。

其三，不要打断别人讲话。只有在别人征求你看法时再发表意见，这效果可以事半功倍；不要正面反对对方的某些观点，特别注意使用"不必你说""不行""你不对"等指责性的词语，最好从侧面指出别人的缺点；推销自己不是在争论，现代人都有明显的个性，你要争论只会越争越糟；在别人高兴的时候，指出别人的错误，往往不会让人反感。

其四，让对方介入你的生活领域；避免位置对立，最好采取侧面角度；换了场所气氛也会改变；展现实物更能制胜；展示实物的要点；商谈时不可忘记带一些小道具。

其五，使用商品说明的要点。①不要让顾客去触摸。②确认顾客的理解度。③铅字印刷出来的文字，要转化成口语字眼来向顾客说明。④说明的时候要表达得流畅。

其六，拿出证据让对方看；对别家产品也要彻底研究分析；"滞留时间久"不如"面谈次数多"；收集商谈的材料；相信顾客就是买东西的人。

其七，别说让顾客生气或发生不愉快的言辞：如有关顾客的缺点、弱点及无知；用角色实际演练法来增进技巧；将顾客捧到上位；用美丽的语言同顾客商谈；委托专家负责给顾客答疑产品质量；勿让对方有"推销"的印象；正确对待顾客的反对和拒绝。

其八，对不同的顾客要有不同的方法；多利用电话、书信等工具；拿出勇气诱导顾客购买；当机立断放弃不想买的顾客；学习失败时的商谈。

其九，少说多听；不要打岔；不要太好争论；不要急着说出你自己的观点；当你了解对方的目的和处境后，最好再复述一遍。

其十，抓住重点牢记在心，避免争论时遗忘了它们；讨论时避免双方脱离主题；不要正面反对对方的某个观点。

克服说话紧张症

不少人在众多的人面前说话时，表情十分不自然，除了容易怯场之外，还常常说出几句自己也没想到的难听的话或词汇，这令他们自己也大为吃惊。其实，导致这种现象出现的原因主要是缺乏心理准备和实际训练，通过下列训练法完全可以克服。

1. 努力使自己放松

在人前说话紧张的人大都是想要说话时产生呼吸紊乱，氧气的吸入量减少，头脑一时陷于痴呆的状态，从而不能按照所想的词语说出来。

在某种意义上说，"呼吸"和"气息"是一个意思，因而调整呼吸就是

"使气息安静下来"。

说话时发生不正常情况通常都是这样的顺序：怯场——呼吸紊乱——头脑反应迟钝——说支离破碎的话。因此调整呼吸会使这些情况恢复正常。

说话时全身处于松弛状态，静静地进行深呼吸，在吐气时稍微加进一点力气。这样一来，心就踏实了。此外，笑对于缓和全身的紧张状态有很好的作用。微笑能强调呼吸，还能使头脑的反应灵活，话语集中。

2. 练习一些好的话题

在平时商业应酬中，我们可以随时注意观察人们的话题，哪些吸引人而哪些不吸引人？为什么？原因是什么？自己开口时，便自觉地练习讲一些能引起别人兴趣的事情，同时避免引起不良效果的话题。

3. 回避不好的话题

哪些话题应该避免呢？从你自身来说，首先应该避免你不完全了解的事情。一知半解、似懂非懂、糊里糊涂地说一遍，不仅不会给别人带来什么益处，反而会给别人留下虚浮的坏印象。若有人就这些对你发起提问而你又回答不出，则更为难堪。

其次是要避免你不感兴趣的话题，试想连你对自己所谈的都不感兴趣，怎么能期望对方随你的话题而兴奋起来呢？如果强打精神故作昂扬，只能是自受疲累之苦，别人还可能看出你的不真诚。

4. 丰富话题的内容

有了话题，还得有谈下去的内容。内容来自生活，来自你对生活观察和感受。我们往往可以从一个人的言谈话语中看出他丰富的内涵及对生活的炽烈感情。这样的人总是对周围的许多人和事物充满热情，很难想象一个冷漠而毫无情致的人会兴致勃勃地与你谈街上正流行的一种长裙。

5. 自我评价语言方式

词意是否委曲婉转？话题是否恰到好处？言谈是否中肯，把握要领？口齿是否清晰明白？说话是否不犯唠叨琐碎的毛病？说话音量大小适度？说话速度不急不缓？话中是否带方言口语？说话是否简洁有力？

措辞是否恰如其分、不卑不亢？话中带多余连接词？说话是否真实具体？是否能充分表达说话目的？言谈时是否能设身处地为对方着想？说话是否心无旁骛、专心一致？

话中是否含有自我吹嘘成分？是否一人滔滔不绝地说个不停？是否出口伤人？是否能真诚地与人寒暄客套？说话是否能字斟句酌？是否能掌握说话技巧？是否能巧妙掌握说话契机？是否能专心一意地听人说话？

虽然，我们在和人应酬交谈当中，不可能时时都能使对方感到既愉快又有趣，但是训练有素的谈话方法的确能帮你赢得社交给人留下好印象。在公共场合与人交谈是一种社会行为，像其他社会行为一样，谈话也有一定的规矩，每个有教养的人都应该遵从。与人谈话，哪些可说，哪些不可说，也都有很多讲究。

这些，有专家将其归纳为以下几项：不谈对方深以为憾的缺点和弱点；不谈上司、同事以及一些朋友们的坏话；不谈人家的秘密；不谈不景气、手头紧之类的话；不谈一些荒诞离奇、黄色淫秽的事情；不询问妇女的年龄、婚否、家庭财产等事情；不诉个人恩怨和牢骚；不述一些尚未明辨的隐衷是非；避开令人不愉快的疾病详情；忌夸自己的成就和得意之处。

掌握说话的节奏

与口才出色的人谈话简直是一种艺术的享受，他们说话时引经据典，抑扬顿挫，诙谐幽默，引人入胜，就像一个出色的钢琴家，将语言的节奏当作钢琴的琴键而随意指挥，弹奏出一曲动人心弦的高山流水。他们对语言的节奏掌握得确定是随心所欲了。

下面六种语言节奏是口才高手们所经常运用的，若能有效地掌握就能起到打动人心的效果。

1. 高亢型

高亢的节奏能产生威武雄壮的效果，声音偏高，起伏较大，语气昂扬，语势多上行。这种节奏多用于鼓动性强的演说、叙述一件重大的事件、宣传重要决定及使人激动的事。

2. 低沉型

这种节奏使人得到低缓、沉闷、声音偏暗的效果。语速偏慢，语气压抑，语势多下行。用于悲剧色彩的事件叙述，或慰问、怀念等情景时，颇能打动人心。

3. 凝重型

这种节奏听来一字千钧，句句着力，而深意省人，蕴藉尽出。声音适中，语流适当，既不高亢，也不显低沉，重点词语清晰沉稳，次要词语不滑不促。用于发表议论和某些语重心长的劝说，抒发感情等情景。

4. 轻快型

轻快型节奏是最常见的，听起来不费力，而多扬少抑。日常性的对话，一般性的辩论，都可以使用这类型的节奏。千万别用错场合，否则惹人讨厌。

5. 紧张型

紧张型节奏，往往显示迫切、紧急的心情。声音不一定很高，但语速较快，语句一般不延长和停顿。用于重要情况的汇报，必须立即加以澄清的事实申辩等。

6. 舒缓型

舒缓型节奏，是一种稳重、舒展的表达方式。声音不高也不低，语速从容，既不急促，也不大起大伏。说明性、解释性的叙述，学术探讨等宜用这种节奏。

　　以上这六种节奏分别用于不同的场合，不同的环境，但又互相渗透，有主有辅，只有适当把握，才能显示出技巧的内在力量。

第九招

9 招 走 出 创 业 困 局

脚

稳

创业顺利时，其实也正是危机四伏时。微软总裁说得好：微软离破产只有100天。为什么事业"春风得意马蹄疾"，正是危机四伏时呢？如何确保自己苦心打造的企业一步一个脚印地健康成长呢？

领导者制定战略更重要

人们常说，一个国家就像是一个家庭，而一个家庭就像是一个人。其实，企业也同样如此，一个企业的发展就像是一个人的成长，有弱小稚嫩的时候，有年轻冲动的时候，也有沉稳老练的时候，甚至有固执苍老之时。所以，对于企业而言，不应该有所谓的"一以贯之"的战略或战术。懂得在不同的时期，使用合适的方针策略才是王道。

如果将企业比作一个人，那么这家企业的最高领导人，决策者，就相当于人身体中的大脑，掌控着整个企业的行为举动。可以说，一家企业的发展前景，在很大程度上都取决于领导人的智慧。如果这个领导人不能灵活变通，快速接受并掌握互联网时代的节奏，那么这家企业的转型就只能是水中月、镜中花，可望而不可即。

我们谈到此时，可能很多创业者或老板都会感到很委屈。因为他们觉得自己非常努力，常常被工作耗光了时间，掏空了身体。但我想说的是，对于工作而言，做不代表做到，想做好也不代表就一定会做好。何解？

如今的老板们，可能每天要辗转两三个城市，参加三四个饭局，旁听五六场回忆，弄得自己身心俱疲。但这时，我们客观地评价一下自己，这所有的疲惫全部都有意义吗？能否取得了自己事先预想的成果呢？答案自然是可想而知的，如果效果好，我们现在也就无须如此疲惫了。

其实，作为企业的领导者，最需要做的是放开自己的眼界，当一个帮企业找到一条最正确、最合适道路的引路人，而不是一头任劳任怨、含辛茹苦的老黄牛。就人体而言，大脑的任务是记忆、判断与选择，提供能源是心脏的使命，提供力量的是肌肉的职责。我们不应该试图用战术上的勤奋来掩盖自己，在战略上的懒惰。

在从前，传统企业可能走上正轨后，就只需要跟随着千百人已经踏出的脚印继续前行就可以了，不太需要领导人时刻掌握着方向盘。但是，随着新时代、新商业模式的到来，企业转型的前方是未可知的，是一片黑暗的。此时，最需要的就是一个时刻擦亮双眼，高瞻远瞩的领导者，果断的决策者，而不是一个只会埋头苦干，随着脚印前行的人。

商场是战场，更是赛场。在这场没有边界的马拉松比赛中，找到正确的路才是最重要的。否则，无论你如何努力，跑得怎样快，也永远无法到达终点。并且，如此的疲于奔命，不光会损害这整具身体，更会眼中打击企业所有人的热情，长久以往企业将会变得再无朝气，垂垂老矣。

作为领导人，你只需要选好路，掌握好方向盘，让企业走在一条正确的路上就够了。作为一个团队，作为一个企业，剩下的事情，自然会有人来帮助你。

下面，我为大家总结了想要成为一个合格的领导人，应该做到的3点：

1. 制定一个行之有效的目标

一个合格的老板，一个有前景的企业，这个团队中的所有人就一定要有一个共同的目标。在如今社会，没有人是为老板打工的，我们每个人都有自己的目标，而一个企业中的人，是因为相同的目标而走在了一起，而不是老板。

所以，想要让团队有执行力，凝聚力，就一定要制定出一个目标，然后所有人为之奋斗。但是要注意的是，这个目标一定是实在的，是看得见摸得着的，是大家经过努力就能够向其靠近的，而不是一个假大空的桃子挂在空中，却永远得不到。

另外，不仅仅是对企业成员，这个目标也要针对企业这个整体。这个企业的路线是什么？我们要针对的用户是哪些人？我们究竟要为他们提供什么样的产品和服务？我们怎样才能让自己的产品变得更好？这些都是一个企业必须要解答的问题和前进的方向，目标越具体，方向就越明确，目标越清晰，执行起来才更有效。

2. 选择一条路

前面我们已经强调了，作为领导人，作为大脑的重要性。尤其在企业转型的时候，企业失去了以往的经验，看不清前面的路，这时作为领导人，作为领袖，就要一定勇于站出来，树立一座灯塔，照亮前进的路。

3. 规划未来

领导人并不是一个简单的工作，每天一睁眼，就要为团队中所有人的未来考虑。所以说，领导人想要为企业负责，为员工负责，就要盯紧战略方面的问题，为企业的未来考虑。我们要依靠什么立足？拳头产品是什么？我们怎样才能建立坚实的壁垒？这些问题，才是属于领导者应该思考的问题。

创业成功的阶段性任务

罗马不是一天建成的。创业者要实现自己的梦想，并成为一个成功的企业家，必须经历一个艰苦的过程。

一般来说，成功创业的过程分为五个阶段：准备期、策划期、创建期、成长期、成熟期。

创业者必须明确认识不同阶段的特点、实质和重点，才能避免和减少创业的风险，为自己的事业成功打下一个坚实的基础。

1. 准备期

在这个阶段，创业者要为创办企业做好各种准备。

要想成为一个成功创业者，要有意识地从以下几个方面进行锻炼和学习。

（1）培养"企业家"思想和心理素质，使自己从本质上完成由员工到"企业家"的转变；

（2）学习经营管理知识，提高自己的业务水平和工作能力；

（3）进行角色转变与情景演练，尝试从经营者的角度全面处理业务，以提高自己的实际操作能力；

（4）筹集一笔创业资金，包括自有资金、向亲友和其他渠道的借贷；

（5）建立有意义和有价值的社会关系，为今后创业创造便利的条件。

在这个时期，创业者应积极主动地寻找各种可能的创业机会，决不可守株待兔，坐失良机。

2. 策划期

当创业者认为时机已成熟，将自己的创业构想提到议事日程上时，就开始进入了创业策划期。

在许多失败的创业个案中，最主要的失败原因就是这些企业缺少细致严密的策划方案。科学和务实的创业策划是创业实践的纸上预演，一方面检验创业构想的真实性、正确性和可操作性，另一方面为创业拟定各种计划，增加创业实践的操作性，减少创业风险。因此，创业策划对创业者开创自己的事业，具有重要意义。

创业策划主要分为两方面的内容：

（1）创业构想的明确化，就是明确自己的事业是什么，通过什么方式获得竞争优势和盈利；

（2）如何创建自己的事业，将自己的构想变为现实。

通常情况下，创业者在真正创业之前，会涉及许多不同创业构想的策划工作，直到一个真正适合自己的机会出现在面前。

3. 创建期

创业策划完成后，经过反复论证确认创业策划是切实可行的，创业者也下定决心，将创业构想付诸的实施，这就进入了创建期。对于创业者来说，创建期是一个播种希望的阶段。

一般来说，在这一时期创业者必须管理好以下几项工作。

（1）落实创办企业所需资金，使创建企业能够正常运作；

（2）组建管理班子，任用责任心强和办事能力强的人开展工作。

（3）集中业务焦点，寻找关键客户，建立稳固关系，以确保立于不败之地；

（4）找出企业的成功关键，并将能力和资源集中于此，形成战略重点，力求在竞争中突围。

此外，创建阶段中，会发生许多意想不到的问题和困难，创业者必须要有足够的心理准备，并及时、妥善地解决。

4. 成长期

中小企业经过前期的奋斗，并且取得一定的成果之后，企业的经营状况基本稳定下来，业绩也能维持相当的水平，这时就进入创业的成长期。

成长期的企业在历经千辛万苦之后，取得了成就，此时创业者信心十足，自我感觉特别好，又因积累了一定的资金，很容易头脑发热，有时会一下子扩充过多的业务项目，从而导致危机与失败。因此，这一阶段创业者应注意做好以下几个方面的工作：

（1）审慎评估各项投资；

（2）在本行业中尚未建立更强的竞争力之前，切勿随意进入其他自己不了解或不熟悉的弱势领域。

5. 成熟期

中小企业顺利度过生存期之后，便进入创业的成熟期。

在这个阶段，企业各方面都步入正轨，规模也逐渐扩大。企业在稳定与速度间取得平衡，业绩上的质量与数量也能并重，管理开始上升到一个更高的层次。这时，企业应采取相应的、合适的竞争策略，以寻求更大的发展，进入二次创业阶段。

在成熟阶段的市场竞争中，中小企业可以采取如下竞争策略：

（1）市场填补策略，寻找被同行忽略的空白市场；

（2）市场追随策略，学习先进企业的技术和管理，模仿或改善其产品和营销策划，以求后发制人；

（3）市场进攻策略，找准方向，集中火力，主动出击，改变自己在行业中的地位，赢得更大的市场份额。

创业过程的五个阶段，对白手起家的创业者具有重要的意义。需要指出的是，由于创业是一个高风险的过程，因此，特定的创业实践可能在任何一个阶段夭折，尤其是在策划阶段，许多创业构想由于不具备切实地实施性，在评估过程中就会被淘汰。

但不论发生在哪一个阶段，创造者都必须时时检查自己的经营结果是否与最初的想法有差距。若有，那一定是方法或策略有失误，应该立即进行调整或改进。

谨慎选择投资产业

通常在第一次创业中选择产业的时候，盲目性往往很大，但这种盲目性并没有使企业陷入困境，因为当时市场处于严重短缺之中，什么都缺，企业几乎是选择任何一种产业都可以有发展。然而一旦市场饱和，这种盲目性仍能给你带来商机的可能性现在已经不存在了，市场的竞争已呈现白热化，所以企业选择二次创业的投资方向时，必须要走出不同寻常的创业道路。

要达到产业选择的自觉性，必须处理好以下关系。

1. 处理好企业与市场的关系

要明白现在是市场创造企业的辉煌，而不是企业创造市场的辉煌。企业能不能搞好，关键是市场，市场好了企业就好，市场完了企业就完。因此，企业必须有市场才能生存，也就是俗话说的"有下家"。

2. 处理好企业与宏观经济发展的关系

你要非常熟知企业的未来，观察经济的走向。如果不了解，企业瞎忙一气，最后问题可能就大了，一定要注意这一条。有的企业的发展不注意宏观经济关系，最后肯定会出问题。

3. 处理好企业的主业与多元化经营的关系

多元化投资与多元化经营不是一个概念，投资可以多元化，但经营多元化是不可取的。这也就是企业的主要产业及产品到底是什么？要弄清楚。

现在许多企业根本不考虑自己主业的优势，最后乱投资的结果就是把自己搞垮了。近几年很多有名的企业垮台，垮在哪里？就是因为没有处理好主业与多元化的关系。觉得哪个能赚钱，就进去；哪个能赚钱就干哪个，根本不考虑其他问题，最后把自己全部套死。

广东的巨人集团就是典型的例子。它是搞电脑的，最后进了那么多产业，后来套死了。所以，外国人讲，中国的企业都避免不了"青春病"，即盲目性冲动太大，结果得了"青春病"，就按捺不住，最后使自己的产业选择失误。

4. 处理好进入壁垒与规模经济的关系

有时尽管产业很好，但是进入资金壁垒很高。进不去就别进，勉强进去的都处理不好资金壁垒与规模经济的关系，以及处理不好债务与资本金的关系。因为资金壁垒很高，要求资金量很大，勉勉强强进去了，最后达不到那个资金量，只能搞个小的，一搞小的，就不符合规模经济的要求。要达到资金需要量，就要借债，结果资本金与债务的关系处理不好，债务过大也是死路一条，例如，冰箱业、空调业、影碟机业等。

另外，一旦进入资金壁垒很高即资金用量很大的产业，企业的资金量不够，就要借钱，所以常常处理不好资本金与债务的关系。在二次创业的投资过程中，资本金一定要达到一定的程度，否则，企业就活不了。

但是，许多经营者都不注意这一条，只要你敢给我贷款，我就敢干，结果都要倒霉。西方国家的投资者，即使银行敢给企业贷款，但企业资金达不到比例，他根本就不会去投资。我国的许多企业则不是，只要有人贷款给钱，不管自己的资本金是否达到应有的比例，也会轻易草率地进去。

5. 处理好进入成本与退出成本的关系

有时进去是容易的，但能退出来吗？如果退出成本很高，千万不要进去。现在大量的企业，不考虑退出成本，最后发现是失误，哭爹喊娘也出不来。有位专家形象地说，最近企业资产重组很快，重组非常好，但是要注意，中国现在缺乏一个资本市场，在重组上是好吃难消化，所以叫作"只有食堂，没有厕所"。

而且，食堂的饭菜很便宜，引诱你吃，吃完以后，你拉不出来，会把你憋死。这就是退出成本太高。过去企业者选择产业，只考虑进，不考虑出。现在不仅要考虑进，还要考虑怎么退，这也是最为关键却都往往被忽略的一条。

核心竞争力是企业成长的关键

核心竞争力理论是企业战略管理理论的一种，是20世纪80年代在美国发展起来。当时，由于信息技术的迅猛发展，企业的竞争环境日趋恶劣，企业不得不从注重外部环境的变化转向注重自身资源、能力的积累，以形成特有的竞争力，获取竞争优势。

该理论认为，企业经营战略的关键在于培养和发展企业的核心竞争力。所谓"核心竞争力"是"企业中的积累性学识，特别是关于如何协调不同的生产技能和有机结合多种技术流的学识。"核心竞争力的形成要经历企业内部资源、知识、技术等的积累、整合过程。正是通过这一系列的有效积累和整合，形成持续的竞争优势后，才能为获取超额利润提供保证。

在21世纪的今天，随着经济日益全球化，需求不足和竞争激烈使得企业发展的空间越来越狭窄，市场机会变得越来越少，而围绕着新机会的竞争越来越激烈。能够寻求到好机会固然很重要，但是否具有把握机会的核心竞争力更为重要。

培养企业的核心竞争力是使企业成功的重要因素。但在20世纪70年代，世界上的大企业也曾把资金投入多个领域，从事多元化发展，希望降低经营风险，结果发现多元化发展可能适得其反，许多过度扩张的企业由于资源分散，运作跨度和费用加大，产业选择失误增多，陷入困境。回顾一下我国企业的发展史，不少有名的大企业如巨人集团等就是由于盲目过度扩张，失去自身核心竞争力而走向衰落的。

20世纪80年代中至90年代初，我国许多企业采用多样化，甚至不相关的多元化战略进行企业规模的扩张。因为当时拥有竞争机会的企业不多，所以争取到机会对于企业来讲已经成功了一半。然而，这种简单地靠规模扩张就能获得超额利润的情况并没有维持多久。

20世纪90年代，我国许多企业陷入了多元化陷阱。不仅没有产生新的竞争力，而且丧失了原有主业的竞争力。企业经营管理者的战略思维首先应该非常明确，企业应从自身资源和能力出发，提高自己的核心竞争力，而不应仅仅看到某行业的吸引力。否则，即使能够发现机会，也会心有余而力不足，只能放弃这一机会。

放眼世界500强，几乎无一不在技术诀窍、创新能力、管理模式、市场网络、品牌形象、客户服务等方面具有独特专长。可以说，这些公司成功的过程，也就是其核心竞争力培育和发展的过程。

按照核心竞争力理论，建立核心竞争力有两个主要的途径：内部整合和外部兼并，这两种方法可同时使用，并相得益彰。

所谓内部整合，是将企业现有的内部资源进行有机的组织和整合，产生出珍贵、异质的资源。这种资源可以包括有形资源，比如对某一产品或技术的占有；也可以包括无形资源，例如企业独特的企业文化。

然而，这种整合过程需要较长的时间，尤其是形成具在竞争力的企业文化。但这种资源一旦形成，极难模仿和学习。如可口可乐公司，尽管世界上生产软饮料的公司不计其数，但生产可口可乐的公司只有一家。

本身这一行业不存在什么进入技术壁垒，可口可乐公司在这一行业的成功就在于它成功地创造了一种特质的品牌文化。当我们购买可口可乐时，已经无形之中将它与别的饮料区分开来了。

综观世界上所有的杰出大企业，无一例外都创造了自己独特的企业文化，并成为企业创造价值的能力。

所谓外部兼并，是指企业到外部寻找竞争优势。它的好处在于能够在短期内建立某种核心竞争力。然而，与此相适应，这种形式也只对某些核心竞争力建立起作用，例如在某项技术上占有绝对或相对优势，技术创新能力等。

这一点在以技术为生命线的高科技企业尤为明显。近年来，兼并的浪潮一浪高过一浪。但是，许多兼并的结果并不尽如人意，原因在于，大多数管理者缺乏战略兼并的长远眼光，他们只将目光放在具体的产品或市场份额上，而在今天，真正应该注重的是基于技术人员的技术实力、技术创新能力，这才是企业取得长期竞争优势的关键。

因此，通过兼并的方式扩充企业和实力，首先要明确企业真正需要什么样的能力，这需要认真分析企业的各项能力，找出目标企业的弱势，确定自己所需要从外部引进的能力。接下来就是寻找目标企业。

这时需要深入了解和调查，看目标企业是否真正具有自己所需的能力，不仅要检查目标企业的核心产品，还要看开发这些产品的技术能力是否还存在。这样的兼并，才能够真正扩充企业的核心竞争力。

事实上，企业核心竞争力的培养是一个创造、保持、再创造的动态过程，在选择那些即将成为核心竞争力的同时，要培养新的竞争力，因此，必须提高产业预见能力，根据一些前瞻性的预测，发现和培养新的核心竞争力，从而使企业能够较长时间地保持核心竞争能力的领先地位。

例如在国内一些大企业集团纷纷向多领域扩张的时候，康佳集团紧紧抓住主导产品彩电的优势不放，努力培育自己的核心专长，逐步确立了企业的竞争优势。1999年销售额突破130亿元，实现了历史性的突破。其中彩电产量达到630万台，同比增长了24%。

彩电业在我国是一个竞争十分激烈的行业，长虹、TCL、创维等企业都极具竞争力。在这种市场形势下，康佳集团努力加大科技投入力度，全力促进主导产业技术升级，实现向高新技术转型，增强了核心竞争力。

他们先后推出一系列引领市场风骚的高科技产品，如镜面系列、小画仙系列、艺术电视等。1999年8月又实现了我国高清晰数字彩电生产的企业化，并迅速打开了海外市场。与此同时，围绕主导产业稳妥实施低成本扩张战略，在西北、东北、西南、华南建立了彩电生产基地。此外，他们还主动拓展海外市场，在印度等国家建立生产基地，初步实现了布局上的战略调整，为企业拓展了发展空间。

像康佳这样通过培养核心竞争力确立行业优势的企业，在我国正逐步增多。许多企业在经历了过度多元化经营的弯路后开始重视培养自己的核心专长，从而拓展了发展空间。比如海尔集团的国际星级服务、亚星集团的比价采购、邯郸钢铁的成本管理专长等。

积极发展大型企业和企业集团，是从战略上改组国有企业的重大举措。但是，不可否认，在"集团化热"中，确实存在"拉郎配""归大堆""为大而大"现象。有的企业集团盲目追求多元化经营，发展过急，跨度太大，机制未转，管理失控，核心竞争反而弱化，甚至背上了包袱，这种情况值得我们警惕。有关专家强调，企业集团的发展必须以增强核心竞争力为前提和目标，在突出主业、增强竞争优势上下功夫。

企业成长的陷阱

假如创业者的经营管理能力不能随着公司的成长而成长，那么这些创业者就是冒着被自己企业打败的危机在经营。

一个成长的公司一定要有可靠的计划、经营方针等，甚至于更新更适用的制度和不断更新的人员，才能够永续经营。

世界上没有一个创业者不渴望企业成长。在市场经济下，成长是唯一的生路。没有成长就有如坐以待毙，迟早会走上破产之路。

虽然成长是唯一的生路，但成长也并不一定就全是好事，更不一定给人带来快乐。成长的代价是不眠不休的工作和接二连三的问题。成长越快，问题也就越复杂，最后连不眠不休都难以应付。

公司一旦开始成长发展，有时就会像一匹野马，踢起的尘土也可能会将自由意识至上、赤手空拳打天下的创业者吞噬。至于什么时候会被吞噬呢？那就得看创业者做的是哪一行、创业者竞争对手的实力、创业者在市场上站得稳不稳、创业者资产负债表的生命力有多少、天灾人祸是不是也要来插一手，其中最重要的还是创业者能不能跟着公司同步成长。

某公司就是被自己打败的一个创业者。那时他们的营业额每年以30%的成长率向前跑了5年。5年下来，他们已经不知道要去怎么管这个局面了。这个现象从他们的资产负债表上也可以看得出来。

各项资产负债项目之间，相互的比率呈不均衡地发展。最后公司虽然还不至于垮掉，终于有人把这个公司买了过去，但是创业者个人却被公司的成长弄得精疲力竭，奄奄一息了。

为什么公司的成长会给创业者带来这么多的问题呢？这个现象可以从两个方面来解释。

第一，大多数创业者因为没有受过相关的训练，通常不知道如何来管理日益成长的企业，更不知要如何来应付成长所带来的种种问题。成长越快，这些问题接踵而来得也越快。

假如说一个企业的营业成长是25%，那么跟营业成长相关的问题也会以25%的速度成长。这还不说，这些问题的复杂性也会以25%的速度向难处延伸。在这种情况下，创业者的管理技术若不紧紧跟着企业的成长而精进，很快就会力不从心，被自己的公司打败了。

第二，企业发展地越大，创业者的指挥棒就会越失去直接的控制力。

如果创业者当初创业的一些理想和抱负开始在企业里模糊起来，创业时的那股热劲和梦想也就开始干涸了。

对创业者而言，距离会造成沟通的问题，沟通不良又会造成领导失败。

或是因为组织庞大、地域分散、直接掌握不易，使得企业主管面对问题却找不到用力处。

100万的小企业和2500万的大企业各自运转在不同的星系里。企业规模发展越大，创业者就被中层主管顶得越高，渐渐地，创业者对客户、厂商，甚至员工都失去了直接影响力。

企业成长到某一个阶段以后，创业者原来那股赤手空拳的创业热情就不敷使用了。这时，创业者一定要继续学习，开始更高一层的领导和授权，懂得如何利用大家的力量来完成全部的工作。不幸的是，领导和授权可能并不是创业者的长处。

有人也许会说，既然如此，那就想办法不要让公司成长好了。

不过，最好的办法还是让企业的成长在计划之内。也就是说，让业务成长的速度和员工的训练、内部制度的改进、公司文化的转型等并驾齐驱。当然，最重要的还是要在创业者本身经营管理能力的转型成长上有所体现。

盲目求大败得快

盲目求大，犹如用细瘦的双腿去支撑一个巨人的身躯，终究会轰然倒下。

曾经是十大电脑品牌的"爱必得"电脑，现在已悄无声息地退出了市场；曾经是中国校办产业一面旗帜、国家经贸委六家创新定点企业之一的北大方正，在付出不小的代价后重新回到"小舢板"思路上；联想集团总裁则在一次总结会上自省：联想得了"大企业病"。2004年春天，一下子就裁员上千人。

翻开中关村企业技工贸总收入排名，第一名的联想集团控股公司为286亿元，同一年里摩托罗拉公司仅在中国的销售额就是375亿元人民币，差距一目了然。然而在资本翻云覆雨的"童话时代"里，以快速成长、灵活求变为长处的高科技企业，或多或少都不知不觉染上了"大企业病"。

据《北京晚报》报道，尽管"爱必得"公司在接受媒体采访时反复强调，电脑市场不景气导致"爱必得"电脑停止销售，但内部人士却认为：这是资本游戏玩砸了的结果。

人们发现，伴随着企业做大做强的炒作，不少小型高科技企业已经让人看不懂在做什么了。过去依靠市场销售生存的企业，开始模仿大企业玩起了资本游戏，不断爆出并购新闻。个别软件企业，国内上市无望就到香港，主板不成就奔创业板，却荒掉了自己特有产品这"一亩三分地"，结果上市尚无期，企业已被拖疲了。

北大方正电子常务副总裁任伟泉坦率地说："我们正努力回到小企业的思路上来"。方正在经历了一段时间的高速成长后，"以为自己该按大企业来运作了"，但一番大刀阔斧的大企业化改造后，方正人发现，和来自国外的知名.品牌比起来，自己本来就是一只"小舢板"，变成"大企业"后，决策和跨国公司一样慢，实力却远比不上人家。方正上下及时统一行动，"回到'小舢板'的思维方式上来"。

联想集团也同样意识到了这一病症。该集团副总裁刘军分析，向"大企业病"开火对于今天的联想"非常及时"：以往我们发展顺利，一俊遮百丑。刘军说，联想面临的不但是50%至60%的业务增长，同时更面临着30%至40%的人员增长。

现在许多企业仍在重复几年前北大方正犯过的失误。

转型的困惑与抉择

　　无可奈何的是，赤手空拳好不容易打出来的江山，却可能毁在这种赤手空拳的企业精神里。

　　创业者转型为企业管理人，中间会有多少困难，就得看创业者的个性了。下面几个问题通常都是创业者不容易做到的地方，读者不妨做一个自我评估看看。

　　1. 细节问题

　　创业者通常是不顾细节的，因为要做的事实在太多了，所以对一些事情的细节，不免会自我安慰地说有空的时候就会处理。但糟糕的是很多细节问题恰恰是至关重要的，万不可不了了之。

　　2. 注意力

　　创业者常常想一心百用，一件事情做到一半，又急急忙忙地去做另外一件事儿了，而且处理事情的轻重缓急，完全依照自己的兴趣。所以新的行销计划、新的产品构想，总是比内部管理、品质管理、员工健康规划来得优先。

　　3. 后续追踪习惯

　　创业者常常是一厢情愿地以为每个人做事都会第一次就把它做对、做好，所以不以为有后续追踪的需要。

　　4. 处理问题的模式

　　一旦有问题发生时，想迂回逃避可能是创业者常见的处理问题模式。装聋作哑，顾左右而言他，假装问题不存在，问题就好像是解决了似的。但是那样根本不行，必须要学会对问题的处理，并且要把它处理得妥当、完善，这才是创业者应该追求的境界。

5. 授权

有些创业者往往觉得自己做什么事都比别人做得既快又好。与其花时间去训练员工，自己早就把事情做好了，谈什么授权？这是真正的"个体户""单干户"，想做一番大事业不会授权就永远办不到。

6. 正视问题

有些创业者有时真是无可救药的乐观，他们天真地认为，自己做生意怎么会赔钱呢？凭我的能力怎么可能会借不到周转金呢？怎么会刚好这么倒霉，天灾人祸都被自己碰上呢？既然抱着如此乐观的态度，未雨绸缪也就没有了。记住，谁也不是先知，要想顶得住风险，就必须正视问题。

7. 鼓舞士气

另有些创业者本身凭着自己一腔的热情打江山，所以往往忽略了其他的员工需要外在的鼓舞才能发挥生产力。总以为员工都会自动自发，而刻意的鼓舞只是一种心智游戏，没有必要，也浪费时间。这实在是一种浅薄。

8. 责任感

大家都知道每个人做事都要负责任。但是这只是上半段，至于下半段要对谁负责任？要如何负责任？在中小企业里，往往是一个模糊地带。但很多中小企业里，企业管理必备的组织图、工作说明、企业目标、业绩考核等等不是没有，就是不清楚或是与事实不符。

9. 沟通

沟通在创业者心里的地位并不是很高的，有时甚至没有地位。真的，一上班大家就应该拿起工具开始干活儿，谈什么沟通。开会、备忘录、协调、公告、工作手册，似乎这些都不是中小企业的词汇。然而，这可实在是一大谬误。

10. 公司的大小

创业者当然是觉得营业额越大越好。做了100万的生意，走起路来昂头挺胸；做了1000万的生意，更是容光焕发，神采奕奕了。他们可能没想到，除了营业额以外，获利率和投资报酬率也是很重要的指标。

上面这些作为创业者的不足，是不是听起来很熟悉呢？其实公司在创业的时候，上面列举的许多个性可能正是创业成功的因素。只是公司发展到某一个阶段以后，这些当初成功因素，现在可能会变成转型的绊脚石。

记住，一个方案推出去就要有始有终；一个人绝对做不完全公司的事，分工授权势在难免；公司与其让它从营业额上去成长，不如让它从利润率上去发展；员工不能和企业主相提并论，鼓励和考核是必要的。这些观念假如创业者不及时认清，及时改变，出问题就只是迟早的事了。

因此，企业发展到某一个程度以后，创业者若要继续向前迈进，唯一的生路就是要转型成一个管理人。在这样的前提之下，创业者就面临了一个转型与否的抉择了。

是继续经营呢？还是拱手让贤，将这份苦心经营出来的事业卖出呢？

是开始学习如何做一个企业管理人呢？还是干脆另起炉灶，另辟江山呢？

在下决定之前，建议读者在纸上写上自己有哪些个性是不适合做管理人的。开始时可以先参考我们在本书前面所提的一些项目，然后加上自己想到的一些其他原因。

有人不想做这件事吗？那么他可能已经有了一个不适合做管理人的想法了。

需要的话，可以请自己的朋友和"商人"帮忙出出主意。甚至亲戚、朋友、员工也都可能帮得上忙。

等到我们把不适合之处的想法都写下来以后，就要很诚实地去自我思考：

纸上列的项目很多吗？

要求自己在这些项目上做习惯和个性的转型，困难吗？

有些项目可不可以用授权的方式请别人来执行呢？

是不是可以通过训练去克服其中的困难呢？

有多少错误认识是自己非改不可的呢？

自己真心想改变自己吗？

自己真的能改变自己吗？

当创业者面临转型的关口时，建议思考下面几个问题。

自己有多少个性和习惯有碍于做一个企业管理人？这其中有多少是可以去改变的？有多少是可以聘请专业人才来克服的？有多少是可以用授权的方式来解决的？

自己是不是最好退居幕后，另聘一位总经理来总揽全局？如果是这样的话，公司够大，够赚钱，所以请得起一位总经理吗，但自己放得下吗？

是不是最好把公司卖掉，另辟江山呢？当然这也要这个公司能卖得掉才成。

或者是彻底地改变自己。使自己从一个创业者转型成一个企业管理人。

最后，值得提醒大家，不要等到被逼上梁山时才去思考这些问题。趁着还有天时地利人和的时候，早做决定。

附录：听！创业成功者在说话

秉持一个信念并持之以恒地加以贯彻，是众多商界巨子成就辉煌的原因之一。这些信念，有时存在于企业家的心中，有时出自口中而成为格言。

本章汇集了18位商界巨子的格言。这些短小精悍的语言，是他们创业成功的注脚。对于这些格言，在这里我们不只是照本宣科，而是做了更深入的分析与探讨：分析当时说此话的境地，探讨这句话的深层含义。相信每一句话都能让有心创业的人在阅读之后，产生佛家所说的"悟"。

经常把竞争对手想成比自己聪明。

——渥鲁达·拉达诺（通用电器德国公司前董事长）

拉达诺——1867年生于德国柏林，由于父亲是通用电器德国公司（ GE Deutsche）的总经理，因此家境富有。1915年父亲过世之后，拉达诺顺理成章接替父亲在德国公司的职务。

1914年欧洲爆发的萨拉热窝事件，不久也把德国卷入其中，于是第一次世界大战正式揭幕。拉达诺就是在这种气氛下接任公司。支持父亲的大小干部在公司内人满为患，而公司外的人们也对这位突然接任的新手是否有能力掌管公司表示怀疑，纷纷投以不信任的眼光。

造成一个公司倒闭的原因有很多，其中最常见的是公司内讧或是管理层和员工发生对立，而通用电器德国公司当时正是面临这种混乱的状况。

这种状况如果让竞争对手看破，必定会加以利用，最后击垮公司，所以一定要赶快回复经营轨道才行。何况当时战争又打得如火如荼，根本无从得知其他公司的情况，因此拉达诺特意把这句名言摆在心中。

因为公司陷入混乱的局面，所以很容易成为其他公司攻击的目标，因此必须经常把竞争对手假想成最坏、最强的那一种。同时，为了激发公司的活力，更是必须把每个人都当成敌手，而每个敌手都比自己聪明。有了这种想法，自然会产生危机意识，有了危机意识，成长也就会随之而来。

于是，拉达诺以极快的速度重整公司内部，寻求老员工的协助，在没有引起员工龃龉的情况下，顺利让公司死而复生。在他的努力下，通用电器德国公司开始朝着金融和工业领域一步一步前进，终于，拉达诺也像父亲一样采收到成功的果实。

名言解读：

现在已经不是只要公司名气大、历史久远、资金雄厚就可以安然无恙存活的时代。当你安心享受现状的同时，很可能还来不及察觉，就已经被人击倒，因而必须经常怀抱着危机意识，才不会让别人有机可乘。

企业小档案：

通用电器德国公司是通用电器这个世界级公司在欧洲市场的据点。拉达诺过世后，该公司仍维持高品质和优质服务的评价。除了电子工业之外，该公司也加入金融事业的行列。此外，由于不断加强售后服务，该公司的业务增加不少。

点子不可太花哨，越有乡土气息，越可能成功。

——松本和那（松本清公司总经理）

松本和那——生于1939年，正是父亲松本清创设"松本药铺"的第七年。

松本药铺原本只是一家位于日本千叶乡下的小药店，如今已成为日本全国性的连锁药店，松本清一贯主张的"点子商法"，是连锁药店成功的主要原动力。何谓"点子商法"？举例来说，积极地和上门的客户聊天，就是其中一种点子。它的做法就只需要单纯地和客人熟络，把客人留在店内，路人看到店里经常有人在，就会认为这是一家很受欢迎的店，于是也会想要上门买东西。这种做法主要是强调表演的效果。

此外，松本清还想出饲养猴子来吸引人气的主意。可是来看猴子的人多半都是小孩子，这样下去还是无法招揽生意，于是松本清就设法让学校发出通知说："为了避免让想看猴的小朋友受伤，小朋友如果想去看猴子，必须有一位监护人同行。"虽然一边养猴子，一边还要避免被猴子抓伤也是一件很辛苦的事，但松本清的这个生意仍然算是相当成功。

在这样的父亲教导下长大成人的松本和那，更加深切体会到点子对生意的重要性，松本和那就是在这种背景下，说出了这句名言。一般大众大多都是具有乡土气息的人，太过追求理想、与现实脱节的点子，无法达到老少皆宜的效果。松本和那把松本药铺定位为"小女孩"的品牌，也是为了迎合大众。他深入了解小女孩的心理，于是想出这种迎合市场的点子。

了解大众想要什么产品是非常重要的事，然后再以此为基础，抢先潮流半步，并靠着感觉往前行，如此才能实现成功的愿望。

名言解读：

标新立异的点子，或是让人眼睛一亮的想法，一旦脱离了现实就失去意义。点子不是为了企划会议而想出来的幻想，真正能在现场实行的想法，才算是好点子，因此点子应该以一般人的想法为出发点。

企业小档案：

松本清公司是日本营业额最高的连锁药店。尽管流通业市场竞争越来越严苛，但松本清的业绩一直以坚实的步调成长。该公司最初以银座为据点，而后逐渐在东京圈开设许多分店，除药品以外，也销售食品。

在有限中追求无限的可能。

——吴清友（台湾诚品股份有限公司总经理）

吴清友——1950年生于台湾。他自台北工专（台北科技大学前身）毕业后，进入专售厨房、洗衣等工业设备的公司当业务员，31岁即接下该公司全部产权，创设诚建公司，除了继续销售已有经验的项目外，又担任建筑材料的代理。因秉持诚信、服务的经营态度，不久后诚建公司即占领台湾地区的市场。

虽然诚建的业务蒸蒸日上，吴清友却不满足现状，不断寻求自我的突破。吴清友认为，这个领域应是一件自己能力所及的工作，应是生命与事业的结合与完成。开一家集人文、艺术、创意与生活于一身的书店，鲜明地映现在吴清友脑海中。他认为任何与生命有关的智慧都会呈现在不同的出版物里，书店是多元生命的精彩呈现。于是，1989年，改变阅读空间与文化的"诚品"书店出现了。

诚品书店的优雅气质很快成为当地的时尚，许多人认为到诚品除了是买书之外，也是一种休闲，一种享受。对于掌声，吴清友格外慎重，生怕速度坏了品位与美感，因此在第二家、第三家分店成功后，才将市场考量纳入经营方向。

1998年，因华硕电脑副董事长童子贤入股诚品，诚品分店扩充至20余家。2000年，宏碁集团旗下宏网集团又加注1.8亿台币，诚品成立了40家连锁店，营业额达到62亿台币。这时，诚品开始由亏转盈。

吴清友表示，诚意与品味是他的经营理念，"诚"是诚恳的心意、执着的关怀，"品"是专业的素养、严谨的选择，不管诚品未来如何成长，经营理念永不改变。

名言解读：

有形的躯体是有限的生命，会随着时间老化消失；无形的精神却能让生命无限，可跨越时空，使生命呈现多元向度与深度。因此，每个人都应该具有积极的生命态度，保持对生命的好奇与探索，从阅读、思考中产生创意，从创意中扩充生命的可能。

企业小档案：

诚品是台湾第一家集人文、艺术、创意、生活的复合式书店。预计2005年能达到250亿台币以上的营业目标。

推出迎合市场动向和消费者喜好的产品，是失败者的做法。

　　——帕崔兹欧·贝泰利（普拉达公司董事长兼执行长）

　　贝泰利（Patrizio Bertelli）生于意大利，是让普拉达（Prada）挤入高级品牌行列的功臣。1913年马利欧·普拉达开设的皮革制品高级专卖店，是同业中最早的始祖。现今深受年轻女性喜爱的普拉达商品，早在20世纪30年代之前已是欧洲贵族和资本家眼中的宠儿。

　　1958年马利欧过世之后，普拉达的名声开始渐走下坡。1978年，马利欧的孙子，27岁的帕崔兹欧·贝泰利，以第三代经营者的身份接管经营权，为该公司重新注入活力。

　　普拉达公司率先发表以尼龙为材质的女用皮包，但是以"葬礼"的黑色系为主，引发业界人士强烈抨击，认为这是"对马利欧的污辱"。然而也正是该系列产品却受到相当多的消费者的欢迎。由于日本流行杂志纷纷采用普拉达产品，以及模特儿爱用，让普拉达的产品增加不少附加价值。

　　在店面方面，普拉达公司采用可掌控经营权的直销专卖店，放弃其他公司常用的品牌授权方式。虽然这种做法损失一笔授权费，但可以防止市面上商品泛滥进而损害形象的后果，而且由于商品不易取得，更增加其附加价值。事业经营相当成功的贝泰利，回顾往事时说出了这句名言。

　　普拉达的产品之所以吸引顾客上门，是因为它是"普拉达"生产的皮包，是有与众不同的形象。迎合市场胃口生产的商品，只能在市场上存活一段时间。这种一瞬间的需求，是无法让一个品牌成长茁壮。

　　受到普拉达公司成功的影响，其他品牌也相继推出许多类似的商品，但都因未被市场接受而不了了之。商品一旦具备附加价值，就等于朝名牌之路前进了一大步。企业经营者在考虑愿景和风格之后，谨守公司一贯的原则是相当重要的事。

名言解读：

　　除了制造商品以外，重要的是必须对制造出的商品深具信心。不断与市场妥协的结果，只会使商品丧失独特的魅力。我们自身也是如此，如果有信心坚持自己的想法，就能创造出与众不同的自我品牌。

企业小档案：

普拉达公司是一个以皮包和小饰品为主的流行名牌。该公司1985年开始制造皮鞋，1989年生产女用饰品，1995年则开发男士用品。

我们受到全球标准化的影响，已经完全丧失了理性。

——约翰·奈斯比（奈斯比集团董事长）

奈斯比（John Naisbitt）——1929年生于美国犹他州，于康乃尔大学研究所毕业后进入伊斯曼·柯达公司工作。之后他曾担任肯尼迪总统时代的教育福利委员会次官等职务，并在IBM担任高级干部。1967年，他独自创立奈斯比集团（Naisbitt Group），专门提供分析政治、经济及社会情势的服务，并往国际咨询公司之路发展。另一方面，由于他长期担任泰国经济顾问，以及马来西亚国际问题研究所的研究委员，因此他也精通亚洲事务。

此外，奈斯比发挥自己擅长的分析力，于1983年出版了《大趋势》一书，预测出20世纪80年代全球形势的变化，此书创下全世界18个国家排行榜畅销书的惊人纪录，而且由于他预测事情的命中率极高，使他获得未来学家的称号。

自柏林围墙瓦解和美苏冷战结束以后，所有领域都必须放在全球标准底下衡量。在这种情况下，经济活动开始热络，东、西方文化交流也快速进展。然而，同时也形成西方黑市泛滥，以及东方秩序大乱等重大社会混乱现象。这些都是标准化意识带来的灾害。不只国际形势如此，同样的情况也蔓延到商业的世界，于是奈斯比说出这句名言，希望成为敲醒世人的警钟。

对流行趋势敏感固然重要，但不分青红皂白一律接收的话，也会因此失去判断事物善恶的能力。当前的商品和价格逐渐走向单一化，但这种标准化也相对影响到每个人的想法。创新的想法和大胆的判断力，是每个人非常重要的个性。而现今正是应用这些个性，发挥经营企业实力的时代。

名言解读：

与所有的人水乳交融，在增进协调性方面固然重要，但同时也丧失在公司出类拔萃必须具备的个性。因此在工作时，必须经常思考自己是否拥有独特想法或个性，这一点是相当重要的事。

企业小档案：

奈斯比集团是一家跨国的咨询顾问企业。自从奈斯比担任董事长以来，公司在信誉方面获得市场极高的评价，国际形势尤其是该公司擅长的领域。奈斯比在其著作《大趋势》和《二〇〇〇年大趋势》之中，提出多项世界趋势的预测和警告。

没有必要做超越正常限度、卑躬屈膝的努力。

——松下幸之助（松下电器产业公司创办人）

松下幸之助生于日本和歌山县，是把松下电器公司推上世界舞台的大人物。松下幸之助曾被人尊称为《经营之神》，并不单是因为他在经营方面的成就，许多人甚至将他视为思想家，因此他有很多名言留传于世。

松下幸之助并不是一开始就一帆风顺。他辛辛苦苦制造出来的插座，刚开始并不容易卖出去，在大阪东奔西跑了10天，才卖出100个插座。

松下幸之助的经营方式，是主张以人为中心，他曾说过："在制造商品之前，想制造一间以人为本的公司。"松下幸之助不只一两次地向银行低头。他在回顾当时的情况时，说出了这句名言。

若是为了公司的要求而做的工作，是应该尽最大的力量来努力，但没有必要进一步地委屈自己来迎合别人。比如银行不愿借钱，表示银行以第三者的眼光来看，无法认同你的表现，也表示自己的努力远不够，在下一次机会来临之前，应该再重新研究应对策略。如果能用这种方式处理任何事，自然最后会出现好结果。

在工作范围内，很难界定是应该到此为止还是应该再继续努力。因此我们在自己的心中，应该为自己画下一条界线。松下幸之助创设了PHP研究所，不断强调"珍惜纯真的心"，其实就是以这句名言为基础。

名言解读：

做工作不是一直卑躬屈膝，而是应该贯彻自己的理念。我们在商场上，经常会碰到委屈的事，此时不免会在心里反问自己："为什么要受这种委屈？"这时候应该再次确认自己的底线。如果你做的努力已经超越了正常的限度，那就表示没有必要再继续下去。

企业小档案：

松下电器产业公司是日本相当具代表性的大型电器制造商，其营业网遍布全世界，除了生产机电制品外，该公司也朝五大方向发展新事业，包括半导体设备、高画质及高清晰度大型屏幕电视、光盘读写系统以及移动电话。

没有一下子就能奏效这种事，凡事都是靠一点一滴累积而成的。

——彼得·柯恩（协利兄弟公司前董事长）

柯恩（Peter A. Cohen）——1946年生于美国纽约，1968年毕业于美国俄亥俄州立大学，之后到哥伦比亚大学取得经营管理硕士学位。柯恩在保险公司和银行任职过，1979年担任协利兄弟公司（SLB，Shearson Lehman Brothers）的董事，1983年荣升为董事长。

在金融界，银行和证券公司为数众多，彼此的竞争异常激烈，别说想要成功，就连能持续在业界存活也绝非易事。身处于"弱肉强食"的世界，稍有一点闪失，很可能招来致命的危险，甚至自此从华尔街或业界消失。

但另一方面，排名在前几个大企业，几年来依旧还是一些老面孔，能威胁像美国银行（Bank of America）这种优良企业的金融机构几乎是不存在。至于理由，则正如柯恩的这句名言所说的一样。

企业不可能突然在一夜之间成功，成为全球瞩目的焦点，因为优秀企业之所以能获得世人的认同，是持续经过许多努力才得来的。唯有排除危险的因素，执行新构想以及不断脚踏实地的努力，才是迈向成功的不二法门。一流企业的地位并非一朝一夕得来，而是在努力经营之下所产生的果实。

多数人认为，在股票和投资世界中，一向存在风险，同时也掺杂赌博的因素和玩游戏的感觉，然而实际却并非完全如此。想要在金融市场获利，必须积极搜集各种资料和信息，然后再逐一加以分析。

无论是谁对枯燥的工作都会产生不耐烦，谁都会绞尽脑汁想找最快速的捷径一鸣惊人，但现实中并没有这种一飞冲天的容易事，光是搜集资料和信息就可能耗费大量的时间和劳力。然而若能不断从小处努力，比如掌握竞争对手的状况以及市场和时代的脉动，不久终能尝到甜美的成功果实。

名言解读：

崭新的构想和方法，虽然对成功贡献良多，但光依靠这些是不够的。经营企业不是赌博或玩游戏，重要的是发挥实力在市场求生，并致力让企业成长，因此，如果不脚踏实地逐一跨出步伐是不可能成功的。

企业小档案：

协利兄弟公司是提供资讯的美国企业，营业项目包括提供投资企业和个人投资咨询服务。该公司靠股票资讯为主的咨询业务，每年营业额就高达150万美元，此外，该公司也积极发展企业资料银行事业。

成为好企业没有特效药，如果有的话，每家公司应该都会成为好公司。

——艾伯赫德·柯汉姆（宝马汽车公司前董事长）

柯汉姆（Eberhard Von Kuenheim）——1928年出生，1954年他自沙都卡尔德工科大学毕业后，进入麦克斯米勒机器制造公司工作，1970年任宝马汽车公司（BMW）董事长，1993年成为BMW董监理事长。柯汉姆在职期间，BMW轿车产量成长四倍，他堪称是让日渐衰退的BMW浴火重生的大人物。

从20世纪90年代中期开始，美国式经营重视的股东投资报酬率

（ROE），在世界一流企业之间形成一股热潮，而BMW是打破传统，率先采用这种方式的德国公司。因为这种风气盛行，大企业纷纷到美国的股票市场上市。

同一时期，戴姆勒奔驰公司（Daumler-Benz）发展事业多元化的方式宣告失败，引起BMW高层领导团队一阵恐慌，提议积极效法美国式的经营手法。此时，柯汉姆说出了这句名言。他认为，不可能所有公司都适用美国式的经营手法，每家公司都有自己独特的个性，应该针对股东投资报酬率或多元化等新经营方式，多加研究、思考和努力之后，再做判断。结果BMW抛弃新的方法，决定沿用传统经营方法。

之后，该公司的股价比前年成长了两倍，也证明沿用传统的经营方式并无不妥。在欧、美、日、韩制造商竞争激烈的欧洲市场，BMW的市场占有率为6%～7%，虽然该公司在全球市场占有率并不高，但长期的收益率已大幅提高。

名言解读：

做事的好坏因人而异，如果引用跟自己风格不符的方法，即使模仿得一模一样，也不见得真能奏效，更何况你风格可能对他们而言充满了无限的魅力。

企业小档案：

BMW是德国的大型汽车制造公司，在全球汽车制造业排名中处于前十位。该公司曾因美国汽车制造商的再度活跃，以及日本和韩国汽车产业的成长，而陷入低迷状态，所幸英国机器人公司及时出手收购该公司，使该公司得以迈入量产化，恢复一流品牌的地位，同时营业额也大幅回升。

每次灾难发生时，我都不断努力把它转变成绝佳的契机。

——约翰·洛克菲勒（标准石油集团创办人）

洛克菲勒（John D. Rockefeller）是20世纪最有钱的石油大王，也是对学术、文化、美术贡献卓越的慈善家。他随着家人移民到美国俄亥俄州，才知道该州蕴藏石油，认为石油是一种可以发展无限可能的资源，于是创设了石油提炼制造厂。

为了扩展事业，洛克菲勒使用一些强硬的手段。首先，他设立铁路公司，收取运费的回扣，之后又在市场上用极低的价格打击弱小的同业。靠这种方式赚得巨额利润的标准石油公司（Standard Oil Trust），在20多年的时间内，拿下全美石油产业约90%的市场占有率，并且涉足矿山、伐木及银行等行业。

然而就在此时，洛克菲勒面临事业上的巨大障碍——"反托拉斯法案"，也就是禁止垄断法。一旦执行反托拉斯法案，标准石油公司将遭到解体厄运。此外，洛克菲勒的财富也被世人抨击是靠"赚肮脏钱"得来的。

然而，每次碰到困难时，洛克菲勒就是靠着这句名言继续努力下去。不管对手的实力多么强大，洛克菲勒绝不放弃地努力走下去，一心一意发挥自己的最大实力，致力让事业起死回生。

洛克菲勒算是20世纪的首富，他的成功正是克服万难、坚强意志的最佳写照。

名言解读：

为了达到目的，遇到困难绝不可轻易放弃，而且每次困难出现时，都应该更加努力才行。目标立得越大，碰到困难也越大，想要成就大事业，就必须拿出坚强的意志力冲破难关。

企业小档案：

标准石油集团是美国的大型石油公司，成立于1882年。为创造更大的利润，该公司以纽约为中心，奠立了庞大财团的基础。该公司因收取运费回扣，违反反托拉斯法而声名大噪。

经营企业时判断不可能全然正确，准确率才是重点所在。

——宫内义彦（欧力士公司总经理）

宫内义彦——1935年生于日本神户，大学毕业到美国华盛顿大学取得企管硕士学位，于1980年担任欧力士公司总经理职务。

宫内义彦就任欧力士公司总经理后，一方面以租赁机器设备的本业为该公司经营重点，另一方面则积极朝租车、证券及寿险等多元化的经营模式迈进。欧力士旗下公司光是在日本就拥有22家，堪称大型集团企业。此外，"欧力士Blue Way"收购案使欧力士的大名响彻日本，这一切都是宫内义彦的功劳。

运用自身的冷静判断力，使公司业务逐渐扩大的宫内义彦，就是靠着他独特的经营观，才造就出这些成功的企业经营事例。作为一位经营者，最重要的不是打击率，而是如何提高决策的正确率。宫内义彦的决策正确率为65%，也就是说企业如果能把失误率降低到35%，就有成功的可能。

经营决策若能一直保持正确的话，公司不需多时就能成为世界第一的大公司。不过到目前为止，还没有哪位经营者创下这种奇迹，因此如何提高成功率是目前当务之急。即使是微不足道的决策也没关系，重要的是方向正确，并能全盘检讨缺失，再加以不断地努力。

名言解读：

没有人能做出完美的决策，任谁都有过在某方面失败的经验，因此重要的是朝成功的方向亦步亦趋迈进，纵使前进的脚步不大，只要不断努力，就会使事情出现截然不同的结果。

企业小档案：

欧力士公司是以租借机器设备为主的大型租赁公司，不过，该公司也涉足对个人消费者的融资、信用贷款等综合金融服务业。该集团企业在日本国内拥有22家公司，海外则有44家分公司。1998年该企业成功地在纽约证交所挂牌上市。

大原则不能轻易改变。

——史考特·麦克尼利（升阳公司董事长兼执行长）

麦克尼利（Scott McNealy）——生于1954年，毕业于哈佛大学和斯坦福大学研究所两大超级名校，拥有天才般的头脑。麦克尼利根据斯坦福大学同学的原始构想，制作出自己的事业计划。1982年，他说服精通电脑和软件技术的同学，四人共同创设升阳公司（Sun Microsystems）。起初麦克尼利担任副总经理，1984年晋升为董事长兼总经理兼执行长。

在一般人尚不知道互联网的1982年，麦克尼利等四人已经大胆假设："地球上的所有人将可以用高速通信网络，随心所欲通往任何地方"。实现这种假设必须要制造产品，为了制造产品必须要有技术能力，为了有技术能力必须招募人才，聚集人才以后则需要管理，麦克尼利就是在这种情况下开始经营公司，但是他希望把公司对员工的约束降到最低。

1993年，互联网在全球各地掀起狂潮，正符合了该公司当初的假设，于是产品销售直线上升，营收顿时激增。随着公司人员日渐增加，该公司面临了无法管理控制的危机。虽然麦克尼利在创业时把公司经营大权，交给精通软件技术的副总经理比尔·乔伊，但是在公司面临危机时，他坚定地对经营干部说出这句名言。

麦克尼利依照创业时的经营原则，重新检讨公司的本质。而当初的原则是想让全球使用互联网的消费者都能连接在一起，最初的目的是想协助消费者进入网络世界，并非销售更多产品或是扩张公司规模。麦克尼利于是决定不再兼任营运长，改找值得信赖且有能力的人来担当重任，自己只专心担任升阳的执行长。

在麦克尼利遵循基本原则，以及尽职的干部和员工的努力下，升阳公司果真以惊人的速度持续成长。对于目前在全球电脑市场执牛耳的微软公司和英特尔公司来说，升阳在互联网拥有的能力，是唯一可与他们较量的企业。

名言解读：

经过时间的摧残，人们很容易遗忘最初设立的目标和壮志。为什么要做这件工作？当初的理想为何？为了这种理想应该如何努力？现在再一次好好思考当初的目标吧!

企业小档案：

升阳公司是支援互联网的美国大型软件公司。以".com"和"Java 2"等网络程式语言，成为电脑业界的领导公司。

最应该分析的，就是时间。

——凯莉·菲尔利娜（惠普公司总裁兼执行长）

菲尔利娜（Carly Fiorina）——1954年生于美国德州，斯坦福大学毕业后，1980年进入美国电报电话公司（AT&T）工作。菲尔利娜秉持坚持的斗志，积极地向困难挑战，并且不断地充实本身的实力，终于如愿以偿爬到AT&T高层主管的职位。1999年在猎头公司的挖角下，菲尔利娜成为惠普公司（HP，HewlettPackard）的总裁兼执行长。

惠普公司是一家拥有近百年历史，被列入道琼斯工业30种股票指数的知名企业。在道琼斯指数史上，菲尔利娜成就了首位女性执行长的壮举，赢得"全美最强的女性经营者"的封号。

以往惠普在消费者市场的知名度不高，即使推出新型打印机，也未在市场上造成轰动，由此可见该公司并未拥有良好企业形象。对于这种现象心急如焚的董事会，重金礼聘菲尔利娜这位超级女强人出马，期望能扭转惠普在市场上的劣势，菲尔利娜就是在这种情况下说出了这句名言。

不论是通信世界或电脑世界，所有的一举一动都快得让人目不暇接，因此菲尔利娜认为，惠普的当务之急就是跟上时代的脚步，决策时绝不可缓慢、也绝不能浪费时间，如此一来，惠普必然产生截然不同的企业形象。如果不灵活调整船舵，就无法在多样化的业界存活，行动速度稍说也必须加快两倍以上。

名言解读：

我们不可与时代脱节，应尽早认识时代转动的速度是如何之快，如果紧抱各式各样的旧包袱，很可能陷入动弹不得的窘境，不需要的东西应该当机立断丢弃，好让身体保持灵活。越早行动的人，活得越久，而且绝对不能反其道而行。

企业小档案：

惠普公司是大型电脑相关产品制造商，业务范围从电脑系统到周边设备一应俱全。业务发展虽以美国为中心，但经营脚步遍及全球。该公司推出的彩色打印机，具有全球首创的自动双面印刷功能。

最初如果认为不行，从开始有想法的那一刹那，就已经注定办不到。

——泽田秀雄（HIS公司总经理）

泽田秀雄——1951年生于大阪，高中毕业后，前往德国美因兹大学留学。留学期间，他游遍50多个国家。回日本之后，于1980年创设International Tours旅行社。连一般日本人也很难猜出HIS公司是经营何种业务，但如果知道该公司是以销售超低价机票起家，之后在日本设立新航空公司SkyMark Airlines，想必一定会有不少人恍然大悟地说："啊！原来是那一家公司！"不过，HIS公司为何突然宣布成立航空公司呢？

低价机票市场自从业界最大龙头JTB公司加大之后，竞争变得极为激烈，泽田秀雄想进军日本国内的航空机票市场。然而，已有三家大企业垄断的国内路线，很难再以低价攻势抢下市场，因此泽田秀雄心中暗想："为什么不自己来成立一家航空公司呢？"

表面上看起来日本的航空限制似乎已经放宽许多，但事实上进入航空界仍不是一件容易的事。光是向运输省申请路线许可，就已经困难重重；更何况机体维修也必须自己一手包揽，因此还得依靠现有航空公司的协助；而且日本油料的价格比美国高出一倍以上。这些花费总计起来，对懂得行情的人来说，想要成立新的航空公司简直是痴人说梦。但是泽田秀雄却不死心，时常把前述名言放在心里，持续不断地努力。

世界上虽然有很多事是不可能达到，但是就算只有1%的可能性，也不能认为它不可能达到。让自己拥有这种心理建设是非常重要的事，因为如果认为一直想着太困难，或是不可能达到的理由，只会让自己离目标越来越远。即使只有1%的希望也没关系，只要勇往直前努力去做，就会更接近目标。

就这样，HIS这家原本销售低价机票的公司，在20年后，成功地发展为拥有航空公司的"综合旅行社"。

名言解读：

在做任何事之前，心里一定要想着"我一定会完成！"如果在还没做之前就认定"不可能"，最后的结果也就可想而知了。在历史上找不到心里想着不可能最后却顺利完成的例子。反过来，倘若明知山有虎，偏向虎山行，最后可能反而会出现戏剧性的结果。

企业小档案：

HIS公司是个以销售低价机票为主，且经营全方位旅行业务的旅行社。除了设立SkyMark Airlines新航空公司外，也涉足经营海外的旅馆，企图把营业触角从日本延伸到世界各地。

我做决定时，相当重视数据资料，也很依赖直觉，绝不会光靠感情来决定事情。

——麦克·戴尔（戴尔电脑公司董事长兼执行长）

戴尔（Michael Dell）生于1965年，高中三年级时，利用个人电脑、电话及广告宣传单，四处推销订购报纸，赚进不少。1983年他进入大学就读后，开始以打折的价格直接销售电脑。1984年，他与友人一同创设戴尔电脑公司，并担任董事长兼执行长。

之后，戴尔决定自大学休学。戴尔由于采用直接向消费者销售的方式，而在1987年获得"青年创业家大奖"。戴尔电脑公司成立四年后，于1988年在美国纳斯达克市场挂牌上市。此后，戴尔电脑公司的业务急速成长。

戴尔电脑公司的成长轨迹看似一帆风顺，但事实上，由于扩展规模过于快速的关系，该公司曾两度濒临倒闭的危机。一次是工程师和客户同时大量流失，另一次则是由于营业额估计错误，导致资金周转发生困难。

1995年，戴尔电脑公布直接销售电脑的计划，打算利用互联网来销售电脑，于是戴尔兴致勃勃地解释这种做法"必定十分方便，可以让客户满意"，并在最后说出了前述名言。同样的错误不可能再犯，若靠直觉和数据早早做出判断，就必须尽快付诸行动；倘若担心可能失败而犹豫不决的话，可能会错失良机。就这样，戴尔为了开发技术和设立经营体制而四处奔波。

1996年7月，戴尔电脑公司开始通过互联网直销个人电脑，结果该公司的单日营业额在3年后剧增5倍，且挖掘到不少潜在的客户。

名言解读：

如果掌握确切的数据，并且产生从经验得来的直觉，就该下定决心，拿出自信来付诸行动。不过，如果隐约可见其中含有感情成分的话，或许最好再一次重新检讨。

企业小档案：

戴尔电脑公司是美国最大的个人电脑直销商。在美国员工500人以上的大企业市场中，戴尔电脑销售量（季度）总是高居第一，市场占有率高达30%以上。在美国境内的法人市场中，该公司的规模也高居第一。

事情的真相要双手去掌握，光靠阅读或是用眼睛看是无法了解的。

——丰田章一郎（丰田汽车公司荣誉董事）

丰田章一郎——生于1925年，是世界知名的丰田汽车公司的荣誉董事。他不但大幅提升丰田汽车在日本国内的市场占有率，还进军世界汽车市场，是一手打造丰田茁壮成长的大人物。创设丰田汽车工业公司的人就是他的父亲丰田喜一郎。丰田章一郎自名古屋大学工学院毕业后，于1952年进入丰田汽车公司，1981年担任该公司的总经理，1992年晋升为董事长。

丰田章一郎进入丰田汽车公司时才27岁，已经是该公司的董事，可谓含着金汤匙出生的富家子弟。不过，父亲喜一郎不让章一郎变成娇生惯养的公子哥儿。以身为技术人员为荣的喜一郎，十分重视亲手制造东西的乐趣，是彻头彻尾的动手实践主义者，而生来就是技术者的章一郎也师法父亲，把这句名言谨记在心，经常出入制造工厂。

光是坐在办公桌前批看文件，是不可能了解商品的优劣。除了制造和销售产品之外，和产品有关的全部内容也不可不知，当然，其中也包含制造程序。

希望利用工厂技术发挥自身才能的丰田章一郎，以"内燃机用喷射阀门的研究"的论文取得工学博士的学位，并且由于开发"汽车用小型柴油机"，获得了日本机械学会颁发的大奖。

如同其他技术人员出身的高层主管，丰田章一郎经常举起"革新"和"创造"的旗帜。即使当上财经界的总经理之后，他言出必行的态度依然没变。不管情况如何，先到工厂去，在现场活动身体，动手制造东西，这就是丰田章一郎主张的理念。

名言解读：

在办公桌上想出来的构想，充其量只是纸上谈兵，不了解现场是不可能想出有用的构想。无法实际运用的想法，就算花再多时间思考也只是浪费时间。不动手实际体会产品冷、热、硬、软的感觉，可能无法想出好的构想。

企业小档案：

丰田汽车公司是日本最大的汽车制造商之一。该公司针对环境问题，致力研发省油的汽车，并开发电力与内燃两用系统，这种使用电力的机型比旧式使用汽油引擎的机型节省两倍的燃料费，因此相当受到市场重视。

在商场上，可能有人会说"要是能够提早六个月该有多好"，但恐怕不会有人说"若能延迟六个月该有多好"。

——杰克·威尔逊（前通用电器公司董事长兼执行长）

威尔逊最重视的事就是决断和反应的速度。对于关系企业和员工人数众多的通用电器公司来说，行动缓慢可能是其最大的致命伤。就算威尔逊高喊"开始！"等到真正开始行动可能还要花上好一阵子。

因此即使经营阵营早就拟定好策略，恐怕也没有多大意义。对体制庞大的通用电器而言，只要能提早一分钟行动，就像别家公司能提早一个月一样重要。想使企业的经营更加完善，有时速度是最重要的关键。

威尔逊的想法，在这句名言中展露无遗。日本的日立公司和美国的通用电器公司，彼此竞争激烈。两家公司各自决定经营方向和研发重心，通用电器公司优先考虑产品开发和制造的速度；而日立则较重视产品的性能。

通常都是通用电器公司推出产品，先上市取得先机，过了半年之后，日立公司的产品才告完成。抢先发表产品的通用电器，不但可以睥睨日立的产品，也可以从容地展开促销活动，完全不让日立有隙可乘，结果通用电器当然获得压倒性的胜利。通用电器公司的产品在市场上拥有极高的占有率，而日立产品即使拥有高性能的优势，也只能在市场外徘徊。这种情况不断重演，于是激发威尔逊说出了这句名言。

以性能方面来看，日立的产品略胜一筹，但是晚六个月才投入市场，因此损失惨重。产品最重要的是比别人早一步完成，然后把剩下的时间，用来花在促销上。

消费者需求的产品日新月异，因此企业应该在能力范围内，以最短的时间制造出最好的商品。如果时代转变，再开发符合时代潮流的产品。重视商品上市的速度，是企业制胜的关键，换句话说，"时间就是金钱"。

名言解读：

商品的供给是因需求而产生，不断地开发新产品，不见得都能拥有销售的机会，因此察觉市场需求后，就必须尽早进入市场抢得先机。

企业小档案：

通用电器公司是个拥有30万员工的大企业。该公司不但在电机和电子产业具有压倒性的强势，同时也大幅领先西门子公司、日立及松下。通用电器经营的业务范围广泛，是美国最具代表性的绩优企业。

失败值得自豪，因为你已经冒过这种风险。

——本杰明·罗森（康柏电脑公司董事长）

罗森（Benjamin M. Rosen），生于1933年，是全球家庭用电脑销售量最大的康柏电脑公司的董事长。他在1955年完成斯坦福大学的学业后，以电机工程师的身份就职。之后他重回斯坦福大学进修。1961年，罗森取得该校经营管理学硕士后，进入投资银行摩根士丹利公司（Morgan Stanley）任职。

以高科技企业分析师身份活跃于业界的罗森，后来成为创业投资家（是指在不需担保之下，对创业者提供资金的投资家。如果该公司顺利上市的话，创业投资家可以获得丰硕的资本回收利益，但相对地也必须担负公司万一不幸倒闭的风险）。1982年，罗森出资赞助凯尼欧的事业计划，两人创立了康柏电脑公司。

20世纪80年代，康柏电脑在IBM的标语"高性能、高价格"之下，急速朝成长之路前进。不过，进入90年代后，新兴企业靠价格低廉的个人电脑盛行而成长迅速，电脑产业带来极大的变化。此时，康柏电脑因坚持"高价取向"的经营策略，而陷入经营不佳的困境。

这显然是由于当时的总经理凯尼欧的误判，但罗森不但未加以责难，反倒冷静地说出这句名言。想在竞争激烈的产业界中求生，必须不断尝试各种方法，勇于冒险之后失败，要比没有任何挑战之下得到成功更有价值。罗森认为制订一项方针并贯彻执行的凯尼欧，值得赞赏，但一直任其发展下去，公司恐怕会招致毁灭的命运，因此必须要有所改变。

1991年罗森趁董事会开会之际，提出低价个人电脑为公司未来的经营方向，这项提议与过去康柏电脑经营理念简直是180度大转变，结果确实让康柏电脑顺利摆脱经营危机。如今康柏电脑家庭用个人电脑销售占有率成功地跃居为全球第一。

名言解读法：

如果想尝试新事物，冒险是一种方法，没有甘冒风险尝试的决心，企业是不会有进步的。不过，如果是因粗心大意或是懒惰而招致的失败，不能以这句名言来自我安慰，应该彻底地自我反省才对。

企业小档案：

康柏电脑公司是美国大型电脑制造公司之一，目前在家庭用个人电脑市场中，持续保持销售龙头的地位。

制造让人模仿的商品！

——早川德次（夏普公司创办人）

早川德次——1893年生于东京日本桥，是日本代表性电子制造商夏普（Sharp）的创办人。少年时期的早川德次在刻苦环境下成长，练就了一双灵巧的手。1912年早川德次开设一家金属加工厂，这家加工厂是促成他创造夏普的第一步。

早川德次早年曾发明"德尾锁片"，它是一种可让皮带在不用钻孔的情况下，自由伸缩长度的金属片。之后早川德次也发明了金属制造的自动铅笔，这种铅笔的正式名称是"永远削尖的铅笔"，简称为"削尖铅笔"。之后由于关东大地震造成工厂损毁，早川德次为了周转资金，只好把削尖铅笔的专利权卖给别人。

而后，决定把工厂据点移到大阪的早川德次，在广播服务开始之前，率先进行收音机的开发。由于所制造出的收音机不但比舶来货便宜，音质也十分清晰，因此随着广播服务的开播，夏普的收音机逐渐成为畅销商品。之后，早川德次陆续成功研发出电视机、电子炉及电子计算机等新产品，当时早川德次的口头语就是这句名言。

让人打从心底想要模仿的产品,才能散发出独特魅力,如此才会不断有新商品问世,市场也会因此而充斥许多竞争产品,这样一来,才能让技术的发展更上一层楼。反之,没有人模仿的商品,即使上市也大概卖不出去,这种商品制造再多也是枉然,因为它讨不到消费者的欢心。

早川德次对于新产品相关的技术或是生产技术,一概毫不吝啬地对外公开,他对于别人模仿他的产品感到自豪,因此经常以制造"更好的产品"为目标。早川德次就是以这句名言为座右铭,一面研发新技术,一面不断尝试制造新产品。

名言解读:

事业成功并不仅限于营业额的增加,被上司夸奖或让客户满意也都是事业成功的另一种形式,而其中以制造出让他人想要模仿的产品,所得到的评价最高,因为只有这种商品才能推动世界掀起一股新风潮。

企业小档案:

日本具代表性的大型电机制造商。最近积极开发网际网路领域相关电子产品。运用独特想法和坚强技术能力开发出的产品,是该公司领先其他公司的决定性武器。